Couvertures supérieure et inférieure
en couleur

ÉLOI
OU LE TRAVAIL

PAR

ÉTIENNE GERVAIS

TOURS
ALFRED MAME ET FILS, ÉDITEURS

BIBLOTHÈQUE
DE LA
JEUNESSE CHRÉTIENNE

FORMAT PETIT IN-8°

ADOLPHE, ou Comment on se corrige de l'Étourderie, par Et. Gervais.
ANSELME, par Étienne Gervais.
ANTONIO, ou l'Orphelin de Florence, par L. F.
AVENTURES D'UN FLORIN (les), racontées par lui-même.
AÏSSÉ ou la Jeune Circassienne, par Marie-Ange de T***.
BARON DE CHAMILLY (le), par Étienne Gervais.
BARQUE DU PÊCHEUR (la), par L. F.
BASTIEN, ou le Dévouement filial, par M*** Césarie Farrenc.
BATELIÈRE DE VENISE (la), par M¹¹ᵉ Louise Diard.
BONNES LECTURES (les), Souvenirs et Récits authentiques, par F. Cassan.
CHAUMIÈRE IRLANDAISE (la), par L. F.
CLÉMENTINE, ou l'Ange de la réconciliation, par Marie-Ange de T***.
CORBEILLE DE FRAISES (la), par Marie-Ange de T***.
DIRECTRICE DE POSTE (la), par Marie-Ange de T***.
DUMONT-D'URVILLE, par F. Joubert.
ÉLISABETH, ou la Charité du pauvre récompensée, par M. d'Exauvillez.
ÉLOI, ou le Travail, par Étienne Gervais.
EUPHRASIE, ou l'Enfant abandonnée, par Marie-Ange de T***.
EXILÉS DE LA SOUABE (les), par M¹¹ᵉ Louise Diard.
FILLE DU DOCTEUR (la), par Marie-Ange de T***.
FILLE DU MEUNIER (la), ou les Suites de l'Ambition, par M¹¹ᵉ L. Diard.
HENRIETTE, ou Piété filiale et Dévouement fraternel, par Stéph. Ory.
JACQUES BLENVAL, ou l'ami chrétien, par J.-N. Tribaudeau.
JUDITH, ou l'une des Mille Merveilles de la Providence, par M. l'abbé Henry, directeur général au petit séminaire de Langres.
LA FAMILLE DE MONTAUBERT, par Félix Joubert.
LOUISE LECLERC suivi de ALEXANDRINE, par Marie-Ange de T***.
LUCIA CESARINI, par M*** de Labadye.
MADAME DE GÉVRIER, ou la Pénélope chrétienne, par Marie-Ange de T***.
MARIANNE, ou le Dévouement, par Marie-Ange de T***.
PARMENTIER, par Fr. Joubert.
PÊCHEUR DE PENMARCK (le), par E. Bossuat.
RICHARD-LENOIR, par Fr. Joubert.
SOLITAIRE DU MONT CARMEL (le).
TANTE MARGUERITE (la), par Marie-Ange de T***.
TÉRÉSA, par E. Bossuat.
TROIS COUSINS (les), ou le Prix du temps, par Théophile Ménard.
VAUQUELIN, par Fr. Joubert.
VICTOR DUTAILLIS, par Fr. Joubert.
VIERGE DES CAMPAGNES (la), ou Vie de la bienheureuse Oringa, par M. l'abbé Henry.
VOEU EXAUCÉ (le), suivi des DEUX MARIÉES, par Maurice Barr.

Tours. — Impr. Mame.

ÉLOI

OU LE TRAVAIL

SÉRIE PETIT IN-8º

PROPRIÉTÉ DES ÉDITEURS

En tête s'avançaient deux compagnons portant de grandes cannes enrubannées, avec des rubans à leur boutonnière. (P. 27.)

ÉLOI

ou

LE TRAVAIL

PAR

ÉTIENNE GERVAIS

—

NOUVELLE ÉDITION

> « Lorsque Dieu a jeté l'homme sur la terre, il lui
> « a imposé cette loi : Si tu veux vivre, travaille ; si
> « tu veux le bien-être, travaille encore ; si tu veux
> « la fortune et la réputation, travaille toujours. »
>
> *Discours de M.* ROULAND, *ministre de l'instruction publique, à la distribution des prix des associations polytechnique et philotechnique, le 8 février 1863.*

TOURS

ALFRED MAME ET FILS, ÉDITEURS

—

M DCCC LXXXIV

ÉLOI
OU LE TRAVAIL

PROLOGUE

LA FAMILLE ROUGIER

Le 1ᵉʳ décembre 1810, un certain nombre de maîtres serruriers, accompagnés de leurs ouvriers et de leurs familles, s'étaient réunis chez l'un d'eux pour célébrer la fête de saint Éloi, patron non seulement des orfèvres, mais encore de tous ceux qui travaillent les métaux à l'aide de la forge, de l'enclume et du marteau. Les personnes qui composaient cette réunion formaient une sorte d'association libre ou de confrérie, dont le but était de s'aider entre eux. Cette confrérie avait remplacé, jusqu'à un certain point, une des anciennes corporations supprimées par la révolution, ou plutôt elle se rapprochait des sociétés de secours mutuels entre gens de la même profession, telles qu'elles ont été instituées depuis quelques années.

Les dignitaires de l'association, nommés chaque année le jour de Saint-Éloi, étaient au nombre de huit : un président, un vice-président, quatre syndics, un trésorier et un secrétaire ; ce dernier n'était rééligible que tous les cinq ans.

Cette année la présidence appartenait au sieur Pierre Rougier, un des principaux maîtres serruriers, ou, comme on dirait aujourd'hui, entrepreneur de serrurerie du faubourg Saint-Germain. Il occupait, rue du Dragon, au premier étage, un grand et bel appartement que n'aurait pas dédaigné d'habiter plus d'un riche bourgeois, ni un notaire, ni un médecin. Ses forges et ateliers se trouvaient dans le passage ou la cour du Dragon, à deux pas de chez lui, et, pour ainsi dire, sous sa main, mais cependant à une distance suffisante pour empêcher le bruit des marteaux de parvenir jusqu'à l'appartement du patron.

C'était donc chez M. Rougier que s'étaient rassemblés les dignitaires et les principaux membres de l'association, pour de là se rendre à l'église Saint-Germain-des-Prés, où, selon l'antique usage, une messe solennelle devait être célébrée. En sa qualité de président, M. Rougier devait offrir le pain bénit, et sa fille, Mlle Émilie, devait quêter avec une de ses amies, la fille du vice-président. En attendant l'heure fixée pour aller à l'église, nous allons faire connaissance avec quelques-uns des personnages qui figureront dans notre récit.

Commençons par le père Rougier. C'était un homme de quarante-cinq à quarante-huit ans, dans toute la force de l'âge et de l'intelligence. Il avait commencé par être simple ouvrier; mais, quoique habile dans sa partie, comme il n'avait pas de fortune et qu'il avait épousé une femme aussi pauvre que lui, il est probable qu'il serait toujours resté ouvrier, et qu'il n'aurait jamais pu parvenir à la maîtrise, sans l'abolition des maîtrises et des jurandes. Il est vrai que la faculté de s'établir à son compte, étant accordée à tous ses camarades, lui créait à l'instant une foule de concurrents, et diminuait d'autant ses chances de réussir. Mais il arriva ce qu'il était facile de prévoir : un grand nombre de ces ouvriers émancipés, qui voulurent quitter leurs anciens patrons pour monter des établissements nouveaux, échouèrent en peu de temps par différentes causes, entre lesquelles nous signalerons, comme la principale, le défaut d'ordre et de prévoyance, sans parler de la perturbation apportée dans les travaux de l'industrie et les transactions commerciales de tout genre par la crise qui accompagna les premières années de la révolution.

Pierre Rougier sut se soutenir dans ces temps difficiles, grâce à son activité et à sa prudence. Il avait loué un modeste logement et un petit atelier pour loger sa forge, dans la cour du Dragon, espèce de passage nouvellement construit entre les rues de l'Égout et du Sépulcre, et qui doit son nom à un dragon sculpté sur la porte d'entrée du côté de la rue de l'Égout, nom qu'il a communiqué plus tard à la rue du Sépulcre, appelée, depuis 1808 seulement, rue du Dragon.

Souvent, pendant le régime de la Terreur et du *maximum*, la commande faisait défaut, ou bien le charbon manquait pour alimenter la forge ; alors, pour ne pas être condamné à un chômage forcé, qui lui eût peut-être fait perdre l'habitude du travail, il allait offrir, gratuitement bien entendu, au comité chargé de pourvoir à l'armement des citoyens, ses services pour la confection et la réparation de certaines armes blanches, telles que sabres, piques, baïonnettes, et même pour la réparation des fusils; car, en sa qualité de serrurier-mécanicien, il était bien un peu armurier. Ses services étaient acceptés avec reconnaissance ; on louait son patriotisme, on lui délivrait de beaux certificats de civisme, et, ce qu'il appréciait surtout, des bons pour se faire livrer certaines quantités de charbon dans les magasins de l'État. Il parvint ainsi à passer assez tranquillement, et sans trop souffrir, cette triste et terrible époque. Mais, dès qu'un gouvernement fort et régulier se fut établi, l'ouvrage sérieux lui revint comme par enchantement. Il obtint d'un personnage qui faisait partie du comité pour lequel Pierre Rougier avait travaillé pendant la Terreur, et qui occupait un emploi considérable dans le nouveau gouvernement, l'entreprise d'une partie des travaux de la serrurerie à exécuter aux Tuileries et au Louvre.

Une opération de cette importance le mit en peu de temps en évidence, et bientôt les commandes de riches particuliers affluèrent de toutes parts. Son atelier se trouva dès lors trop petit; et il en loua deux autres, beaucoup plus grands, à côté du sien; puis il finit par les acheter, et peu à peu il devint propriétaire de presque tout un côté de la cour du Dragon. Ce fut seulement en 1805 qu'il songea à quitter son logement, désormais trop restreint, et qu'il fit l'acquisition d'une maison voisine du passage, et située dans la rue du Dragon, alors, comme nous l'avons dit, rue du Sépulcre. Ses affaires continuèrent à prospérer, et, à l'époque où commence notre histoire, la fortune de M. Rougier passait pour une des mieux arrondies de tous les entrepreneurs et maîtres serruriers de Paris.

Une personne dont nous n'avons pas encore parlé avait vaillamment aidé Pierre Rougier dans les moments les plus difficiles de sa vie : c'était sa femme, Marguerite Bourlon de son nom de fille. Simple ouvrière blanchisseuse quand il l'avait épousée, elle n'avait pas cessé, pendant les huit à dix premières années de leur mariage, de travailler de son état. Au plus fort de la révolution, quand un chômage forcé ou un labeur improductif empêchait son mari de rien gagner, son travail à elle suffisait pour subvenir aux dépenses de leur petit ménage. Pendant ces moments pénibles, c'était elle qui avait su soutenir le courage de son mari, prêt à défaillir et à se laisser aller au désespoir; c'était elle qui lui avait donné l'idée de demander de l'ouvrage au comité révolutionnaire, afin de ne pas rester exposé à l'oisiveté et à ses suites dangereuses. Marguerite cependant était une femme du peuple, qui n'avait reçu qu'une médiocre instruction; à peine savait-elle lire, écrire, et un peu calculer; mais elle avait été élevée dans des principes religieux dont son cœur était profondément pénétré, et que l'impiété des temps n'avait point ébranlés. C'étaient ces principes qui la soutenaient elle-même au milieu des plus rudes épreuves, et qui lui faisaient accomplir avec joie, avec facilité, tous ses devoirs d'épouse et de mère; car, au plus fort de la Terreur, vers la fin de janvier 1793, elle avait donné le jour à une fille qui fut l'unique enfant issu de leur mariage. Cet événement, qui dans tout autre temps aurait comblé de joie Pierre Rougier, fut précisément pour lui une cause de chagrin et d'effroi pour l'avenir. « Qu'allons-nous devenir, ma pauvre Marguerite, avec cette enfant? s'écriait-il avec amertume ; je suis sans ouvrage, et te voilà réduite toi-même à ne pouvoir de longtemps travailler. Peut-être ferions-nous bien de la mettre en ce moment à l'hospice des Enfants-Trouvés, sauf à la reprendre dans un temps plus heureux.

— Oh! ne dis pas cela, mon ami, s'écria Marguerite avec énergie ; non, non, jamais je ne me séparerai de ma fille. Les temps sont durs, il est vrai, mais ils changeront certainement, et nous sommes assez jeunes l'un et l'autre pour attendre avec patience des jours meilleurs : si le travail nous manque aujourd'hui, il reviendra demain. Le bon Dieu n'envoie jamais à ses enfants plus d'épreuves qu'ils ne peuvent en supporter. Ayons confiance en lui, prions-le avec foi, et songeons que nous avons maintenant un pauvre petit être sur lequel il nous a chargés de veiller, et qu'il ne nous a pas donné pour que nous l'abandonnions. »

Pierre n'insista pas ; il eut honte de la pensée qu'il avait eue, et souvent, plus tard, quand elle lui revenait à l'esprit, il se la reprochait comme une pensée coupable et qui lui occasionnait des remords.

Comme l'avait prédit Marguerite, l'enfant ne fut point pour eux une charge trop lourde ; elle grandit sous l'œil de sa mère, qui, tout en s'occupant de son ménage et de son travail journalier, veillait sur elle, et s'attachait à lui former peu à peu l'esprit et le cœur. Le père était fou de sa fille, et, à mesure que ses affaires reprenaient, que l'aisance arrivait avec le travail, il rêvait déjà de l'avenir de sa petite Émilie. Oh ! se disait-il, si j'étais assez heureux pour m'enrichir, je voudrais qu'elle devînt une grande dame, comme on en voit tant aujourd'hui, qui n'étaient que des filles d'ouvriers peut-être plus pauvres que moi.

Marguerite n'était pas si ambitieuse ; elle ne songeait à faire de sa fille d'abord qu'une bonne chrétienne, afin que plus tard elle devînt une bonne épouse, une bonne mère de famille, veillant au bon ordre dans l'intérieur de son ménage, tandis que son mari travaillerait au dehors ; car elle n'avait pas la pensée que sa fille épousât un autre qu'un artisan. Mais son mari avait des vues toutes différentes ; et, à mesure que ses affaires prospéraient, ses rêves pour l'avenir de sa fille n'avaient plus de bornes.

Au moment où il quitta son petit logement de la cour du Dragon pour aller habiter la belle maison qu'il avait achetée rue du Sépulcre, il plaça sa fille dans un des meilleurs pensionnats de demoiselles du faubourg Saint-Germain, où étaient élevées de jeunes personnes appartenant aux plus riches familles de l'ancienne et de la nouvelle noblesse. La bonne Marguerite eût préféré pour Émilie une éducation moins brillante ; mais elle ne fut pas consultée, et, quand elle voulut faire quelques observations à ce sujet, son mari lui répondit : « Femme, tu n'entends rien à ces choses. Vois-tu, aujourd'hui la fortune est tout et mène à tout ; avec la dot qu'elle aura, notre enfant peut épouser un riche bourgeois, un notaire, un banquier, un colonel ; qui sait ? peut-être bien un auditeur au conseil d'État ou le fils d'un sénateur. On a vu, depuis vingt ans, des choses plus extraordinaires, et plus d'une femme de préfet, de général, voire même de

maréchal de France, n'était autrefois qu'une pauvre petite ouvrière qui ne te valait pas, et qui donnerait aujourd'hui bien des cent mille francs pour avoir l'éducation que je prétends donner à notre enfant. C'est ce que me disait encore dernièrement M. le sénateur baron de N*** : « Mon cher Pierre, car il m'appelle tou-
« jours familièrement de ce nom, j'espère que
« tu ne penses pas à marier ta fille à un ouvrier;
« elle sera assez riche pour prétendre à un parti
« un peu plus convenable. Fais-lui donner
« d'abord une éducation soignée; puis, quand
« elle sera en âge d'être mariée, nous songe-
« rons à la pourvoir d'une manière qui soit en
« rapport avec sa fortune et son éducation. »

Marguerite n'insista pas; elle savait que quand son mari avait cité son protecteur ou *son ami*, le sénateur baron de N***, comme approuvant ou conseillant une résolution, rien n'était capable de l'en faire changer. Pourquoi ce haut et puissant personnage exerçait-il tant d'influence sur le père Rougier, et comment était-il devenu son protecteur et son ami? C'est ce que nous allons faire connaître en quelques mots à nos jeunes lecteurs.

Avant la révolution, M° N*** était simple

procureur au Châtelet, et chargé, en cette qualité, des affaires contentieuses de la corporation des maîtres serruriers, dont le patron de Pierre Rougier était syndic. Dans une affaire criminelle importante, où il s'agissait de constater les moyens employés par des malfaiteurs pour forcer un coffre-fort, le patron de Rougier avait été nommé expert, et il s'était fait aider par ce dernier, qui était son premier ouvrier, ou, pour parler plus juste, il lui avait confié la besogne tout entière, qui était fort délicate, et que, par parenthèse, le patron n'aurait peut-être pas pu faire lui-même. M° N*** assistait à toute l'opération de l'expertise, et il ne put s'empêcher d'admirer l'adresse et la sagacité de l'ouvrier, qui démontra, avec une clarté et une lucidité parfaites, de quelle manière les voleurs s'y étaient pris pour ouvrir le coffre, quels instruments ils avaient employés, et jusqu'à la forme de ces instruments, qui n'étaient pourtant pas des instruments ordinaires, et qui avaient dû être fabriqués exprès. Le fait vint bientôt vérifier les conjectures de l'ouvrier : les voleurs furent arrêtés quelque temps après, et l'on trouva en leur possession des instruments parfaitement conformes à ceux qu'avait décrits Rougier, et qu'ils avouèrent avoir effectivement fabriqués pour commettre le crime dont ils étaient accusés.

Cette affaire donna à M° N*** une haute idée de la capacité et de l'intelligence de Pierre Rougier, et toutes les fois que les obligations de sa charge le mettaient en rapport avec le syndic des serruriers, il ne manquait jamais de lui parler de son ouvrier comme d'un sujet distingué.

La révolution, qui détruisit la juridiction du Châtelet aussi bien que les maîtrises, rompit d'abord toute espèce de rapports entre Pierre Rougier et le procureur. Mais, en 1793, lorsque l'ouvrier sans travail alla demander de l'ouvrage au *comité,* quelle fut sa surprise de reconnaître dans le président de cette fraction du pouvoir d'alors l'ancien procureur au Châtelet, M° N***, qui se faisait appeler le citoyen Scévola, et portait une carmagnole et un bonnet rouge orné d'une énorme cocarde tricolore! Le nouveau républicain reconnut aussi notre ouvrier, et s'empressa de lui procurer le travail qu'il demandait. Il ne cessa dès lors de s'intéresser à lui et de le protéger en toute circonstance, ce qui lui fut d'autant plus facile, qu'à chaque changement de gouvernement, — et on sait s'ils étaient fréquents alors, — l'ancien procureur, au lieu d'être renversé comme tant d'autres, s'élevait, au contraire, d'un échelon. Ainsi, après la chute de Robespierre, il devint membre du conseil des Cinq-Cents, puis du conseil des Anciens, dont il faisait partie au 18 brumaire. Il se montra, dans cette journée, un des plus chauds partisans du général Bonaparte, et il fut nommé sénateur lors de la création du sénat par la constitution de l'an VIII. Enfin, quand l'empereur forma une nouvelle noblesse, il donna le titre de baron au sénateur N***, qui, nous n'avons pas besoin de le dire, avait depuis longtemps abandonné le titre et le nom de citoyen Scévola.

Le nouveau baron avait acheté un magnifique hôtel rue de Tournon, à deux pas du palais du Sénat; il y avait fait faire de grands travaux de réparation, et, entre autres, une magnifique grille qui séparait la cour du jardin. Ce travail fut confié à Pierre Rougier, à qui déjà le baron avait procuré de belles entreprises pour le compte du gouvernement ou de particuliers.

C'est ainsi que s'étaient formées des relations assez suivies entre le sénateur et l'artisan. M. N***, quoique parvenu, n'avait pas le défaut de la plupart des nouveaux enrichis : il se montrait d'un accès facile, et il ne dédaignait pas de prendre un intérêt réel aux personnes qu'il avait connues autrefois, et qu'il jugeait dignes de cet intérêt. Sous ce rapport, Pierre Rougier ne pouvait manquer d'en être bien accueilli, car il avait toujours répondu de la manière la plus convenable à tout ce que son puissant protecteur avait fait pour lui ; de son côté, celui-ci s'était plu, en quelque sorte, à pousser en avant son protégé, et à le faire arriver au degré de prospérité où nous le voyons parvenu au moment où commence cette histoire.

Quoiqu'il n'usât qu'avec discrétion de son crédit, Rougier l'avait souvent employé pour réparer des injustices ou pour appuyer de justes réclamations adressées à l'autorité, et ses demandes avaient toujours été favorablement accueillies. Il en est une surtout qui lui fit beaucoup d'honneur dans le quartier : ce fut lui qui obtint l'élargissement et une viabilité plus convenable de la rue du Sépulcre, en même temps que le changement de ce nom lugubre en celui de rue du Dragon, qu'elle a toujours porté depuis.

On comprend quels égards, quelle considération cette haute protection et ce puissant crédit devaient lui attirer de la part de ses confrères, de ses amis, de ses voisins et de ses simples connaissances. Aussi, dès qu'il avait été question d'organiser une société ou confrérie de Saint-Éloi, M. Rougier en avait été proclamé président à l'unanimité. Chaque année, il eût été réélu à cette dignité, si une clause des règlements, — clause qu'il y avait fait insérer lui-même, — ne s'y fut opposée formellement, et n'eût exigé un intervalle d'un an entre la sortie d'exercice d'un président et sa réélection. Mais chaque fois que cet empêchement n'existait pas, il ne manquait jamais d'être porté à la présidence par une immense majorité, sinon par l'unanimité des suffrages.

Ce passage, en si peu d'années, d'une situation précaire et embarrassée à une brillante position de fortune, de considération et d'avenir, n'avait amené aucun changement dans les goûts, les habitudes, ni presque la manière de se vêtir de la bonne Marguerite. C'était toujours la simple ouvrière de la cour du Dragon ; seulement, maintenant c'était l'ouvrière endimanchée, qui n'avait quitté qu'à regret son baquet de savonnage, ses fers à repasser et sa petite mansarde pour les beaux appartements de l'hôtel que son mari avait acheté. Il avait fallu un ordre formel de ce dernier pour l'obliger à faire emplette d'une robe de soie, de fourrures et d'un chapeau à la mode ; encore ne mettait-elle ces beaux vêtements que dans les grandes occasions, telles qu'à Noël, à Pâques et à la Saint-Éloi, et elle se hâtait de les quitter aussitôt la cérémonie terminée. C'était aussi pour obéir à son mari qu'elle avait cessé de travailler pour ses anciennes pratiques, et qu'elle avait pris une servante pour l'aider à faire son ménage ; car elle regardait la soumission à son mari comme le premier de ses devoirs. Cette soumission n'était pas toutefois absolue ni aveugle ; comme c'était une femme remplie de bon sens, elle se permettait quelquefois des observations qui faisaient impression sur lui, et le déterminaient à changer de résolution ; mais, si dès les premiers mots elle n'obtenait pas de résultat, elle n'insistait plus, et pour tout au monde elle n'aurait pas voulu engager une discussion, à plus forte raison une dispute.

Nous avons pu remarquer un échantillon de cette manière d'agir quand il fut question de mettre sa fille en pension. Elle avait vu avec peine que le père voulait donner à leur enfant une éducation brillante, une éducation de demoiselle; sa tendresse maternelle s'était alarmée à la pensée que peut-être si sa fille était élevée dans des habitudes et avec des goûts si différents de ceux de sa mère, il n'y aurait plus entre elles deux cette communauté de pensées et de sentiments si nécessaire à la bonne harmonie. Peut-être même un jour, pensée cruelle et qui lui torturait le cœur, sa fille en viendrait-elle à rougir de sa mère! Cependant, comme nous l'avons vu, elle n'avait pas insisté, et s'était soumise sans murmurer à la décision de son mari. La suite avait-elle justifié ses craintes? C'est ce que nous saurons peut-être plus tard; en attendant, constatons qu'au moment où commence notre récit l'éducation d'Émilie était à peu près terminée. Cette éducation avait été on ne peut plus brillante : la jeune fille chantait à ravir les ariettes ou les romances du jour en s'accompagnant de la harpe, instrument fort à la mode à cette époque ; elle dansait admirablement la contredanse et valsait comme une Tyrolienne ; elle déclamait avec grâce et expression des scènes de nos meilleurs poètes tragiques, ou des tirades de vers du *Mérite des femmes* de Legouvé, ou du poème de *la Pitié* de Delille ; elle avait un goût délicieux dans sa mise, et son maintien était on ne peut plus convenable. En un mot, c'était ce qu'on appelait alors une jeune personne accomplie.

Le père en était fier et en raffolait. Il l'avait fait venir de sa pension pour assister à la fête de Saint-Éloi, et, avant de partir pour l'église, il l'avait présentée à ses amis, à ses confrères et à leurs familles réunies chez lui. Tous les hommes firent au père des compliments sur la beauté et la grâce de Mlle Émilie ; les femmes adressèrent à la mère les mêmes compliments ; mais entre elles elles trouvaient que la jeune fille était trop fière et sa toilette trop recherchée. « On dirait plutôt, murmuraient quelques-uns, la fille d'un sénateur que celle d'un maître serrurier. » Le père était ivre de joie, la mère ne disait rien ; elle souriait seulement, mais d'un sourire mélancolique qui était peut-être l'expression de cette pensée intime : On m'a gâté mon enfant!

Le signal du départ vint mettre fin aux compliments et aux arrière-pensées de toute nature. Les dames montèrent dans des voitures, et les hommes prirent à pied le chemin de l'église.

II

BRAS DE FER ET CŒURS D'OR

Tous ceux qui faisaient partie de la réunion n'avaient pu trouver place dans la maison du président, quelque vaste qu'elle fût ; on n'y avait reçu que les dignitaires, les patrons, les contremaîtres avec leurs familles, et un certain nombre des principaux ouvriers ; le reste s'était rassemblé dans la cour du Dragon, et attendait à l'entrée de cette cour que le cortège se mît en route pour s'y joindre. Il était près de dix heures quand il sortit de la maison de M. Rougier. En tête s'avançaient, comme pour ouvrir la marche, deux ouvriers compagnons, portant de grandes cannes enrubannées, avec des rubans de mêmes couleurs à la boutonnière de leurs habits. A dix pas derrière eux venaient les musiciens, au nombre d'une trentaine, jouant des pas redoublés et de joyeuses fanfares ; ceux-ci étaient suivis de quatre hommes portant un brancard sur lequel s'élevait le pain bénit, composé d'une pyramide de brioches surmontée d'un énorme bouquet. Sur un autre brancard, porté de la même manière, était placé le *chef-d'œuvre* de cette année, consistant en une imitation de la colonne de la place Vendôme, faite en fer forgé, et réduite à deux centimètres pour mètre. C'était un travail d'une délicatesse admirable, et qui avait exigé, de la part de celui qui l'avait exécuté, une patience singulièrement minutieuse et un temps précieux, qu'on regrettait peut-être qu'il n'eût pas plus utilement employé.

Venaient ensuite les dignitaires de la confrérie, M. Rougier en tête, avec les principaux patrons, formant un groupe de trente-cinq à quarante personnes. Ce groupe, comme celui des musiciens, du pain bénit et du chef-d'œuvre, était escorté à droite et à gauche par deux files de compagnons porteurs de cannes non moins longues et non moins enrubannées que celles des deux qui marchaient en tête. Ces deux files se prolongeaient à quelque distance par derrière, et étaient terminées par un certain nombre d'apprentis à la mine éveillée, aux allures dégagées, et qui contrastaient avec la tenue grave et même un peu empesée des maîtres et des compagnons.

Le cortège se dirigea par la rue du Dragon, la rue Taranne, la rue Saint-Benoît, vers l'antique basilique de Saint-Germain-des-Prés. Sur son parcours les passants s'arrêtaient, les curieux se mettaient aux fenêtres pour le voir défiler, et une foule de gamins et de badauds le suivaient pour entendre la musique. Au moment où dix heures sonnaient à l'horloge de l'église, la tête du cortège entrait sous le portail, et pénétrait sous les voûtes obscures du vieux porche bâti par Childebert[1]. La mu-

---

[1] L'église Saint-Germain-des-Prés a été bâtie par Childebert I*r, fils de Clovis, vers l'année 543, en l'honneur de saint Vincent; elle fut dédiée par saint Germain, évêque de Paris en 558, l'année même de la mort de Childebert, qui y fut inhumé. Plus tard saint Germain y fut inhumé lui-même, et les miracles qui s'accomplirent sur son tombeau firent donner le

sique avait cessé de jouer ; chacun s'avançait en silence, quand tout à coup, au moment où M. Rougier et les autres dignitaires allaient franchir la porte intérieure de l'église et pénétrer dans la nef, des vagissements forts et répétés se firent entendre dans un des coins les plus obscurs du porche. M. Rougier et ses voisins s'arrêtèrent en se demandant ce que cela signifiait ; en même temps un des ouvriers compagnons, s'étant approché de l'endroit d'où partaient les cris, aperçut, malgré l'obscurité, une espèce de paquet de linge posé sur une de ces chaises basses, appelées *prie-Dieu*, qui se trouvait dans un des angles du porche. Il souleva la chaise avec précaution, l'apporta en plein jour, et l'on reconnut un petit enfant nouveau-né, enveloppé de langes et emmailloté assez proprement.

nom de Saint-Germain au monastère et à l'église, d'abord conjointement avec celui de Saint-Vincent; puis, dans la suite, le nom de Saint-Germain prévalut seul. L'église et le monastère furent pillés et ravagés plusieurs fois par les Normands pendant le ix⁰ siècle; l'église ne fut rebâtie que vers l'an 1000; mais on conserva la tour de la façade, seul débris restant de l'édifice de Childebert I⁰⁰, et qui subsiste encore aujourd'hui; la partie inférieure de cette tour forme une grande salle carrée et voûtée, fort obscure, qui sert de porche à l'église.

La première pensée des assistants fut de regarder si la personne qui avait apporté l'enfant ne se trouvait pas dans le voisinage. M. Rougier interrogea le donneur d'eau bénite, assis près de la porte à l'intérieur de l'église. Cet homme répondit qu'avant l'arrivée du cortège il avait vu une grande femme vêtue d'une robe noire et couverte d'un grand châle gris, sous lequel elle paraissait tenir un paquet, entrer dans l'église, s'agenouiller auprès de l'autel de la sainte Vierge, puis sortir au moment où se faisait entendre la musique du cortège qui approchait de l'église. Cette déclaration du donneur d'eau bénite fut confirmée par les deux compagnons qui marchaient en tête du cortège, et qui, au moment d'entrer sous le porche, avaient vu cette même femme en sortir précipitamment, et se diriger rapidement du côté de la rue Childebert; seulement elle ne portait plus rien sous son châle, et ses deux mains étaient libres.

Plus de doute : c'était évidemment cette femme qui avait abandonné l'enfant. M. Rougier donna aussitôt l'ordre aux deux compagnons de courir dans la direction qu'elle avait suivie et de faire tous leurs efforts pour la découvrir; en même temps il chargea l'ouvrier qui tenait encore l'enfant avec la chaise de le porter à la sacristie, tandis que le cortège continuerait sa marche un instant interrompue, et irait occuper les places qui lui étaient réservées dans l'intérieur de l'église. De son côté, pendant que chacun prenait ses places, il se rendit à la sacristie avec le vice-président et l'un des syndics pour rendre compte à M. le curé de cet incident.

Ils arrivèrent presque en même temps que l'ouvrier porteur de l'enfant, et trouvèrent M. le curé en train de revêtir ses ornements sacerdotaux; car c'était lui-même qui devait célébrer la messe de saint Éloi. M. Rougier lui raconta en quelques mots comment ils avaient trouvé cet enfant sous le porche; il ajouta qu'il avait jugé à propos de l'envoyer à la sacristie, pensant bien qu'il n'avait pas encore été baptisé, et que M. le curé pourrait, mieux que personne, décider ce qu'il faudrait faire de ce petit être.

« Vous avez bien fait, répondit le vénérable ecclésiastique; mais pour le moment, comme l'enfant paraît bien constitué, et qu'une demi-heure de retard ne peut offrir aucun danger, nous allons célébrer la sainte messe, et nous prierons Dieu de nous inspirer ce que nous devons faire en faveur de cet enfant. Après l'office vous viendrez me trouver à la sacristie ; vous vous arrangerez pour trouver parmi vous un parrain et une marraine, et nous le baptiserons immédiatement. En attendant, je vais envoyer chercher un médecin qui examinera l'enfant, jugera à peu près de son âge, et s'assurera si dans les langes et les effets qui l'enveloppent on ne pourrait trouver aucun indice propre à faire découvrir ses parents. » Il donna aussitôt l'ordre à un de ses sacristains d'aller chercher immédiatement le docteur ; puis il acheva de se préparer à célébrer le saint sacrifice, tandis que M. Rougier et ses amis regagnaient leurs places. En même temps les deux compagnons envoyés par M. Rougier à la recherche de la femme soupçonnée d'avoir abandonné l'enfant rentrèrent à l'église et vinrent dire qu'ils n'avaient rien découvert.

Quoique cet événement n'eût pas occasionné une sensation bien marquée dans l'église, et qu'un grand nombre des assistants ne s'en fussent pas même aperçus, la nouvelle n'en avait pas moins circulé parmi tous les maîtres et les ouvriers serruriers, et était parvenue jusqu'à leurs femmes, qui étaient arrivées quelques instants avant le cortège, et occupaient une partie de la nef, dont l'autre était réservée aux membres de la confrérie. Cette nouvelle avait passablement intrigué ces dames, et occasionné parmi elles un murmure et des chuchotements qui ne cessèrent qu'au moment où la clochette annonça l'arrivée du prêtre à l'autel et le commencement de l'office. Tout rentra dans l'ordre, et la cérémonie se passa avec la décence convenable; mais je n'oserais pas affirmer qu'il n'y eut pas quelque distraction causée par un incident aussi bizarre et aussi inattendu.

Après la messe, M. Rougier, accompagné du vice-président et des syndics, se rendit à la sacristie pour remercier, selon l'usage, M. le curé, et lui offrir une des brioches du pain bénit qui lui était destinée; en même temps les deux jeunes quêteuses, conduites par Mme Rougier, venaient lui apporter le produit de la quête. Par un sentiment de curiosité facile à deviner, la plupart des dames s'étaient jointes à l'épouse et à la fille du président, et tandis que les dignitaires et les quêteuses remettaient à M. le curé leur offrande, quelques-unes de ces dames s'étaient approchées de l'enfant, qu'emmaillotait en ce moment la femme du sacristain, et formaient autour de lui un groupe d'où l'on entendait sortir des exclamations de ce genre : « Oh! le joli poupon! Quel dommage qu'un pareil enfant soit abandonné!

— Oh! oui, quel dommage! reprenait une autre; pour moi, si je n'avais pas déjà six enfants, je me ferais un plaisir de me charger de celui-là. »

Tout en répondant aux remerciements de M. Rougier, M. le curé avait entendu les exclamations de ces dames, et, continuant à s'adresser à M. Rougier, il lui dit en élevant la voix de manière à être entendu de toutes les personnes qui se trouvaient dans la sacristie : « Maintenant, Monsieur, parlons un peu de ce pauvre enfant que vous avez trouvé à la porte de notre église, et que vous avez eu l'heureuse idée d'envoyer ici pour le faire baptiser. Le médecin qui l'a examiné déclare que sa naissance ne remonte pas au delà de deux à trois jours. « C'est, dit en propres termes le docteur, « un gros garçon bien constitué et qui ne de- « mande qu'à vivre. Si l'on en prend soin,

« a-t-il ajouté, ce sera un enfant robuste et
« qui pourra devenir un jour un bon ouvrier,
« un bon forgeron, qui sait? En attendant, ce
« dont il a le plus besoin pour le moment,
« c'est d'une bonne nourrice. » Je vous disais
avant la messe, continua le pasteur, que je
prierais Dieu de m'inspirer ce qu'il conviendrait de faire en faveur de ce pauvre petit
délaissé ; les paroles du docteur m'ont fait
réfléchir. Il est bien regrettable, pensais-je en
moi-même, que ce pauvre enfant ne reçoive
pas les soins convenables! Il deviendrait peut-
être un jour un bon travailleur, un excellent
chrétien, en un mot, un homme vraiment utile
à la société. A l'instant même où je formais
cette pensée dans mon esprit, je l'ai entendu
exprimer tout haut par quelques-unes de ces
dames; alors il m'est venu une idée que je
regarde comme une véritable inspiration du
Ciel : « Quel dommage, disiez-vous tout à
« l'heure, Mesdames, que cet enfant soit aban-
« donné! » Et j'ai entendu une de vous manifester le regret que sa famille, déjà trop nombreuse, ne lui permît pas de l'augmenter encore par l'addition de cet orphelin. Eh bien!
Mesdames et Messieurs, il dépend de vous que

l'abandon de cette innocente créature, — ce que nous regarderions tous comme un malheur, — n'ait pas lieu, et cela peut se faire facilement, sans devenir une charge ni un embarras pour aucune famille ni pour aucun de vous en particulier. Voici le moyen, fort simple, comme vous allez le voir ; que la confrérie tout entière de Saint-Éloi adopte cet enfant, que Dieu semble lui offrir sur le seuil même de son temple pour lui donner occasion d'accomplir une bonne œuvre et d'honorer ainsi la mémoire de son saint patron. Entre vous tous, une faible offrande suffira largement pour subvenir aux dépenses que nécessiteront sa nourriture et son entretien pendant les premières années de son enfance ; plus tard vous pourrez facilement vous entendre ensemble pour son apprentissage, et lui continuer votre protection jusqu'à ce qu'il soit en état de gagner sa vie... »

Ici M. le curé fut interrompu par un assentiment unanime de tous les assistants des deux sexes, qui s'écrièrent tout d'une voix : « Oui, oui, nous adopterons cet enfant ; nous ne l'abandonnerons jamais !

— Bien, mes amis, reprit le pasteur vivement ému : je n'attendais pas moins de vous. Maintenant que nous sommes d'accord sur l'ensemble, passons à l'exécution de notre projet. D'abord il faudra quelque argent pour fournir aux frais d'une layette et payer les premiers mois de nourrice ; j'entends consacrer à cet objet le produit de la quête que ces demoiselles ont faite ce matin, et que vous venez de me remettre...

— Oh! pour cela, monsieur le curé, interrompit vivement M. Rougier, nous ne le souffrirons pas ; nous avons accueilli avec joie l'idée de la bonne œuvre que vous nous avez inspirée ; mais c'est à nous de l'accomplir en entier, et ce serait en quelque sorte nous en ôter le mérite que de vouloir y prendre part en y consacrant une offrande qui n'avait pas cette destination. Nous allons immédiatement faire une nouvelle collecte pour cet objet, et j'espère qu'elle produira une somme suffisante pour pourvoir à ces premières dépenses dont vous parlez. »

Tous les assistants témoignèrent par un murmure approbateur leur assentiment aux paroles que venait de prononcer le président.

« Oh! oh! mes bons amis, reprit en souriant le curé et en élevant de nouveau la voix, vous êtes égoïstes, à ce que je vois, et vous voulez faire le bien à vous seuls sans permettre à votre pasteur d'y prendre part. Cependant je vous ferai observer que le produit de votre quête de ce matin était destiné aux pauvres de ma paroisse, et que je ne croyais pas changer cette destination en l'appliquant à la bonne œuvre qui nous occupe ; mais, puisque vous en jugez autrement, je n'insisterai pas, de peur de vous contrarier ; seulement j'y mets une condition, c'est que je contribuerai à la collecte nouvelle que vous allez faire, en prélevant, pour cet objet, une faible somme sur le produit de l'offrande que vous venez de me remettre, et que l'an prochain et les années suivantes, à pareil jour, une portion de la quête faite pendant la messe de saint Éloi sera prélevée au profit de l'enfant que vous avez si charitablement recueilli en ce jour. »

Tout le monde acquiesça à cette proposition.

« A présent que nous sommes d'accord sur ce point, reprit le curé, occupons-nous du baptême de l'enfant, et commençons par lui choisir un parrain et une marraine. Je dois vous prévenir que dans cette circonstance ce titre ne sera pas purement nominal, ainsi que cela n'arrive que trop souvent, sans beaucoup d'inconvénients, il est vrai, quand les enfants appartiennent à d'honnêtes familles chrétiennes, qui les élèvent dans la crainte de Dieu et dans les principes de la religion. Mais ici, cet enfant n'a point de famille; ce sera donc à ceux qui l'auront présenté sur les fonts baptismaux de veiller sur lui d'une manière constante et efficace, afin qu'il tienne un jour l'engagement sacré qu'ils vont contracter pour lui devant Dieu. Voyons, mes amis, ajouta-t-il en promenant ses regards sur l'assemblée, qui voudra se charger de ces importantes fonctions? »

A cette question, il se fit parmi les assistants un profond silence, interrompu seulement par quelques légers chuchotements à l'oreille entre plusieurs personnes qui semblaient se consulter; puis, au bout de quelques secondes, M. Rougier, répondant à la question du curé, dit simplement : « Ma femme et moi nous nous en chargerons, si toutefois cela peut agréer à mes confrères, et à vous, monsieur le curé.

— A moi ! fit le pasteur en souriant; mais je n'aurais pas fait un autre choix si j'en eusse été chargé, et je pense que tous vos confrères sont de mon avis. »

Des signes d'assentiment furent donnés de toutes parts.

« Maintenant, reprit le curé, quel nom donnerons-nous à l'enfant ?

— Je me nomme Pierre, répondit M. Rougier, et j'avais d'abord pensé à l'appeler ainsi, mais j'ai réfléchi que cet enfant étant adopté par la confrérie de Saint-Éloi, et ayant été trouvé et baptisé le jour même de la fête de ce saint dans l'église Saint-Germain-des-Prés, il était plus convenable, pour rappeler cette double circonstance, de l'appeler de ses noms de baptême Éloi-Germain. On y ajoutera le nom de Després en un seul mot, si le maire, à qui nous allons faire notre déclaration, veut bien accepter ce nom.

— Très bien! très bien! dirent tous les assistants.

— Maintenant, dit le curé, avant de procéder à la cérémonie du baptême, il est bon de prévenir les autres personnes de la confrérie restées à l'église, ainsi que les ouvriers qui font partie de votre réunion, de la résolution que vous venez de prendre, afin que ceux qui voudront participer à cette bonne œuvre et contribuer à la collecte qui va avoir lieu puissent le faire librement et en connaissance de cause. Je me charge de leur faire moi-même cette communication à l'instant même, pendant que le parrain et la marraine se rendront avec l'enfant à la chapelle des fonts baptismaux. »

Aussitôt la femme du sacristain, portant l'enfant et précédée d'un bedeau, se mit en marche ; M. et Mme Rougier la suivirent, ainsi que la plupart des personnes qui étaient venues à la sacristie. Alors M. le curé remit à Mlle Émilie et à sa compagne les deux bourses qui leur avaient déjà servi pour la première quête, en ayant soin de laisser dans chacune d'elles un certain nombre de pièces d'argent ; puis il leur recommanda de recommencer leur tournée aussitôt après qu'il en aurait annoncé l'objet.

Il se rendit ensuite sur les marches du maître-autel, où il s'agenouilla quelques instants pour adorer le saint Sacrement ; puis, se relevant et se tournant du côté de l'assistance, il fit un récit court, simple et touchant de ce qui venait de se passer à la sacristie, et de la résolution prise par les dignitaires de la confrérie. « Mes amis, dit-il en terminant, la meilleure manière d'honorer les saints est de tâcher d'imiter leurs vertus. Pour fêter dignement votre saint patron, tâchez donc de lui ressembler par la charité ; car vous connaissez tous son histoire, et vous savez qu'après avoir été favori et ministre de deux grands rois, après avoir été comblé des biens de la fortune, saint Éloi renonça aux grandeurs et aux joies du monde, et consacra ses richesses à fonder des établissements destinés à soulager les misères humaines. Je ne viens pas vous dire, mes bons amis, de pousser l'imitation jusqu'à ce degré d'abnégation et de renoncement ; je viens seulement vous engager à profiter d'une occasion qui semble vous être offerte le jour de la fête de votre patron, non sans doute sans un secret dessein de la Providence, pour accomplir un acte de charité dont il vous sera largement tenu compte par Celui qui récompensera même un verre d'eau donné à un pauvre en son nom. »

Après ces paroles, qui firent une profonde impression sur l'auditoire, le curé se rendit à la chapelle des fonts pour célébrer le baptême.

Pendant la cérémonie, la musique fit entendre ses plus beaux airs, et les jeunes quêteuses parcoururent tous les rangs des maîtres et des ouvriers, et firent une abondante recette.

La cérémonie terminée, lorsqu'on se rendit à la sacristie pour la signature de l'acte de baptême, tous ceux qui n'avaient pas assisté à la première réunion voulurent signer au registre comme témoins, et pour donner en quelque sorte leur adhésion à la résolution prise par les principaux de la confrérie. En même temps plusieurs se plaignirent que, n'ayant pu prévoir ce qui était arrivé, ils ne s'étaient pas munis d'argent pour donner à la quête autant qu'ils l'auraient désiré. Ils demandèrent en conséquence que l'on ouvrît immédiatement une souscription, dans laquelle chacun pourrait s'inscrire, soit pour la somme qu'il verserait comptant, soit pour celle qu'il s'engagerait à verser plus tard. Quelques-uns même proposaient d'ajouter le montant de leurs souscriptions à la suite de leurs signatures sur l'acte de baptême, afin de donner par là une adhésion plus authentique à l'engagement qu'ils prenaient de contribuer aux frais de l'éducation de l'enfant.

M. le curé leur fit comprendre que les registres des baptêmes d'une paroisse ne pouvaient servir à recevoir des souscriptions ni des engagements de cette nature; que la souscription dont ils parlaient, et à laquelle il applaudissait sincèrement, devait être ouverte régulièrement chez le trésorier de la confrérie, seul dépositaire naturel des fonds d'une œuvre à laquelle leur société tout entière s'intéressait.

« Ainsi, ajouta-t-il, comme première mise de fonds, M. le trésorier, ici présent, va recevoir d'abord le produit de la collecte que viennent de faire vos deux quêteuses; il prendra note de cette somme en haut de cette feuille de papier, en indiquant l'usage auquel elle est destinée; puis, à la suite, il inscrira les noms de ceux qui voudront ajouter quelque chose à leur première offrande, et les souscriptions de ceux qui s'engageront à verser plus tard entre ses mains une somme quelconque à une époque déterminée. »

Tout s'exécuta comme l'avait conseillé le vénérable pasteur. Le produit de la quête fut compté et reconnu s'élever à trois cent vingt-deux francs cinquante-cinq centimes; celui de la souscription ouverte immédiatement monta à près de quatre cents francs. Ainsi tous les premiers frais de layette, de trousseau, de mois de nourrice, se trouvaient largement assurés pour plus d'un an. Il fut convenu qu'à la prochaine Saint-Éloi le trésorier rendrait ses comptes, et que l'on ferait un nouvel appel de fonds, s'il était nécessaire, pour couvrir les dépenses de la seconde année. Mme Rougier, en sa qualité de marraine de l'enfant, fut chargée ou plutôt elle se chargea elle-même avec empressement de trouver une nourrice, et d'aller de temps en temps la visiter pour s'assurer si elle soignait convenablement son nourrisson.

Avant de se séparer, M. le curé remercia chaleureusement les membres de la confrérie de la bonne action qu'ils venaient de faire : « J'étais sûr, leur dit-il en prenant congé d'eux, que mon appel serait entendu ; car je savais que les enfants de Saint-Éloi ont des bras de fer et des cœurs d'or ! »

Le cortège reconduisit chez lui le président dans le même ordre qu'il était venu à l'église ; seulement cette fois une voiture, contenant la marraine et l'enfant avec la femme du sacristain, qui faisait les fonctions de porteuse, marchait en tête du cortège.

Aussitôt après son retour chez lui, M. Rougier, accompagné du trésorier, se rendit à la mairie du 10º arrondissement, rue de Grenelle, pour faire les déclarations nécessaires afin d'établir l'état civil de son filleul improvisé. Pendant ce temps-là, la bonne Marguerite s'occupait activement de chercher une nourrice. Elle en trouva une au bureau spécial, et, après s'être assurée, par les certificats dont elle était munie, de sa santé et de sa moralité, elle lui confia le petit Éloi-Germain Després.

CHAPITRE I

LA SAINT-ÉLOI EN 1825

Quinze ans se sont écoulés depuis les événements racontés dans la première partie ou le prologue de notre récit. Nous sommes en 1825, au 1ᵉʳ décembre, fête de saint Éloi, et nous nous retrouvons dans cette même maison de la rue du Dragon où s'étaient réunis les confrères de saint Éloi, pour célébrer leur fête en 1810; mais nous n'y retrouverons plus cette foule qui encombrait alors les appartements du président de la confrérie. Ces appartements mêmes n'étaient plus occupés par M. Rougier, quoiqu'il fût toujours propriétaire de la maison; mais, pour des motifs que nous connaîtrons plus tard, il avait fixé son habitation au troisième étage, dans un petit logement composé de quatre pièces et d'une cuisine. Là il vivait seul avec notre ancienne connaissance la bonne Marguerite, sa femme. Pierre Rougier touchait à la soixantaine, et sa femme avait cinq ans de moins que lui; mais les chagrins les avaient encore plus vieillis que les années. Au moment où nous renouvelons connaissance avec eux, les deux époux sont assis de chaque côté de la cheminée, dans laquelle flambe un feu ardent. Près d'eux est une petite table ronde chargée d'un sucrier, de trois bols, de pains à café, tandis que deux cafetières, l'une remplie de lait, l'autre de café, sont posées devant le feu à une certaine distance, de manière à entretenir les liquides dans une chaleur convenable, sans cependant leur permettre d'entrer en ébullition. On devinait à ces apprêts que nos deux époux se disposaient à faire leur premier déjeuner du matin, et, à la présence des trois bols sur la table, qu'ils attendaient un convive.

Depuis quelques instants la bonne Marguerite rapprochait ou éloignait tour à tour les deux cafetières placées devant le feu, et elle jetait de temps en temps un coup d'œil sur la pendule, qui marquait neuf heures moins un quart. « Il me semble, dit-elle après quelques moments de silence, qu'*il* devrait déjà être arrivé ; car il a plutôt l'habitude d'être en avance qu'en retard.

— Tu te trompes, ma bonne, reprit son mari ; *il* a l'habitude d'être exact, et l'exactitude ne consiste pas à arriver plutôt en avance qu'en retard, mais à arriver à l'heure. Or je *lui* ai dit de se trouver ici à neuf heures précises ; il n'est que huit heures quarante-sept minutes, il n'est donc pas étonnant qu'il ne soit pas encore arrivé. Ce n'est pas lui qui est en retard, c'est toi qui est en avance pour ton déjeuner.

— Oh çà ! on peut le dire, qu'en tout et pour tout ce garçon-là est d'une exactitude... comme l'horloge de l'hôtel de ville, quoi !... Cependant j'aimerais parfois un peu plus d'empressement.

— Si tu désirais qu'il vînt un quart d'heure plus tôt, il fallait le lui dire ; mais l'exactitude est une qualité trop rare chez les jeunes gens pour ne pas l'encourager chez lui. Arriver avant l'heure, encore une fois, n'est pas de l'exactitude ; et si c'est montrer de l'empressement, c'est aussi quelquefois faire preuve d'indiscrétion. Pour moi, ce qui me plaît surtout en lui, c'est son amour du travail et son exactitude à remplir ses devoirs ; avec ces deux qualités, un jeune homme est sûr d'arriver, n'importe ce qu'il entreprenne.

— Et il arrivera, j'en ai la certitude, reprit la bonne Marguerite, et il nous dédommagera, je l'espère, des sacrifices que nous avons faits pour lui pendant son enfance. »

Comme la mère Marguerite parlait encore, la pendule sonna le premier coup de neuf heures, et, avant qu'elle eût fait entendre le second, un fort coup de sonnette retentit à la porte. « Ah ! le voilà ! » s'écria Marguerite ; et elle courut ouvrir. En même temps entra dans la chambre un jeune homme d'une quinzaine d'années, vêtu d'une veste et d'un pantalon de gros drap bleu de roi, avec un gilet de velours rayé croisant sur sa poitrine ; une cravate de cotonnade et une casquette de drap complétaient ce costume simple, mais fort propre, et qui paraissait être celui d'un ouvrier ou d'un apprenti endimanché.

Nos lecteurs ont déjà deviné sans doute que

le nouveau venu attendu avec tant d'impatience par la mère Marguerite, et dont elle ne parlait qu'à la troisième personne sans le nommer, n'était autre qu'Éloi Després, l'enfant abandonné quinze ans auparavant sous le porche de l'église Saint-Germain. Aujourd'hui c'était un grand et beau garçon, à la physionomie ouverte et pleine d'intelligence, aux membres déjà forts et robustes, et qui, sans avoir encore reçu tout le développement que l'âge devait leur donner, avaient acquis par le travail et l'exercice une vigueur remarquable.

« Bonjour, parrain ; bonjour, marraine, dit-il en s'avançant d'un air familier, mais respectueux, vers les deux vieillards.

— Bonjour, Éloi, dit M. Rougier en lui serrant la main cordialement ; bonjour, mon garçon, dit la mère Marguerite en l'embrassant avec une tendresse toute maternelle.

— Allons, assieds-toi là, reprit M. Rougier, et déjeunons. »

La mère Marguerite s'empressa de verser le café, et le repas commença. « Eh bien, mon garçon, dit M. Rougier tout en trempant des mouillettes de pain dans son bol, ton patron n'a pas fait trop de difficultés de te laisser venir chez nous aujourd'hui?

— Non, mon parrain ; mais le contremaître ne le voulait pas. Il prétendait que je devais aller avec les autres ouvriers à la Courtille, où se fait le repas qui doit être suivi d'un bal ; le patron a insisté en disant qu'il vous avait promis de m'envoyer passer la journée chez vous, et qu'il ne voulait pas vous manquer de parole.

— Ainsi, reprit la mère Marguerite, dans ton atelier les ouvriers ne vont plus à la messe, comme autrefois, le jour de Saint-Éloi ?

— Oh! non, marraine ; ils sont divisés en plusieurs sociétés de compagnonnage, ou plutôt ils forment des sociétés secrètes qui s'occupent plutôt de politique que d'autre chose ; plusieurs déjà ont parlé de m'y affilier ; mais mon parrain me l'avait défendu, et j'ai toujours refusé.

— Et tu feras bien, mon ami, de ne jamais te mêler à ces sociétés qui ne peuvent qu'amener le trouble, le désordre, et nuire au travail, à l'industrie et au commerce. Plus tard tu comprendras mieux que tu ne pourrais le faire aujourd'hui la vérité de ce que je te dis maintenant ; tu comprendras aussi la différence qui existe entre ces sociétés secrètes et les associations fondées entre ouvriers pour se secourir et s'aider mutuellement; autant les premières sont dangereuses, autant celles-ci sont utiles quand elles sont établies sur les grands principes de la charité et de la véritable fraternité évangélique, comme l'était notre ancienne confrérie, ajouta-t-il en soupirant, qui s'est dissoute il y a une dizaine d'années.

— Est-ce qu'il n'en n'existe plus de ces confréries? demanda la mère Marguerite.

— Plusieurs subsistent encore : une sur la paroisse de Saint-Roch, une autre sur celle de Sainte-Élisabeth, et une à Saint-Nicolas-du-Chardonnet; mais elles sont peu nombreuses.

— Et cependant tous sans exception, ouvriers et maîtres, ne manquent pas de chômer la Saint-Éloi ; et je me le demande, comment peuvent-ils fêter dignement leur patron, s'ils ne vont pas l'honorer et le prier à l'église?

— Vous avez raison, marraine ; pour moi, je croirais commettre un péché si je manquais la messe ce jour-là, comme vous me l'avez toujours recommandé. Il est vrai que saint Éloi est doublement mon patron, puisque j'ai été baptisé le jour de sa fête, que j'ai reçu son nom, et qu'enfin je suis apprenti et presque ouvrier serrurier-mécanicien.

— Aussi nous allons entendre la messe tous trois ensemble, dit M. Rougier. Quoique notre ancienne confrérie n'existe plus, et que je me sois depuis longtemps retiré de la partie, nous y trouverons quelques-uns de ceux qui ont été témoins de ton baptême, et que j'ai invités à dîner aujourd'hui ; je te présenterai à ces braves gens, qui ne seront pas fâchés de faire, ou, si l'on veut, de renouveler connaissance avec toi. Ils ne demanderont pas mieux que de t'être utiles, et, lorsque ton apprentissage sera complètement terminé, si tu ne veux plus rester chez ton patron actuel, tu pourras certainement trouver de l'ouvrage chez eux.

— Merci, mon parrain, je ne demanderais pas mieux, si je reste à Paris, que de travailler dans ce quartier, afin d'être plus près de vous ; car c'est loin d'ici la rue de la Roquette ; et puis il faut vous dire que si je n'ai pas à me plaindre du patron, je n'en saurais dire autant de son contremaître et de la plupart des ouvriers ; ils ne cessent de se moquer de moi, parce que je ne veux pas, comme vous en êtes convenu du reste avec le patron, travailler le dimanche et *faire* le lundi, et parce que je vais à la messe les jours de fêtes et dimanches, et que je refuse d'aller au cabaret avec eux. Ils me traitent de cafard, de jésuite, que sais-je? Je ne leur réponds pas; mais cela finit par m'ennuyer...

— Prends encore un peu de patience, mon garçon ; ton apprentissage sera terminé précisément à la fin de ce mois, et au 1ᵉʳ janvier prochain je tâcherai de te caser convenablement; nous causerons de cela tantôt avec mes amis. Maintenant il est temps de nous rendre à la messe.

— Avant de partir je veux lui souhaiter sa fête, dit la mère Marguerite ; et en même temps elle donna à Éloi un joli bouquet, et un paquet contenant plusieurs paires de bas de laine qu'elle lui avait tricotés elle-même.

— Et moi, dit M. Rougier, je veux t'offrir aussi mon cadeau; et il lui présenta un petit étui de mathématiques, contenant tous les instruments nécessaires pour le dessin linéaire, et pour faire des épures de figures de géométrie.

— Oh! merci, mon parrain, merci, ma bonne marraine, s'écria Éloi ; comment faire pour vous témoigner ma reconnaissance de tout ce que vous faites pour moi?

— En priant Dieu pour nous, reprit Marguerite, et en continuant à être sage et laborieux.

— Oh! voilà un compas garni de plusieurs branches, un tire-ligne, un rapporteur.... J'espère que maintenant je pourrai faire des dessins plus réguliers que ceux que je vous ai apportés dimanche dernier.

— Tu examineras tous ces objets plus à loisir après la messe, et je te ferai mes observations sur tes dessins; partons maintenant, il est temps. »

On se mit aussitôt en route pour l'église. Pendant le trajet, Éloi dit tout à coup à la bonne Marguerite : « Voyez donc, marraine, comme je suis étourdi ! J'ai oublié de vous demarder des nouvelles de petite marraine et de Mlle Berthe. Est-ce que nous ne les verrons pas aujourd'hui?

— Je ne le pense pas; ton parrain doit aller les voir après dîner, et peut-être, mais c'est douteux, les ramènera-t-il avec lui.

— Oh! j'en serais bien aise, car il y a plus

de six mois que je ne les ai vues ; mais je pense qu'elles se portent bien ?

— Très bien ; quoique, ajouta-t-elle en soupirant, il y ait bien longtemps que je ne les ai vues moi-même. »

Éloi cessa un entretien qui paraissait affecter sa marraine, et le reste du trajet se fit en silence.

La personne qu'Éloi venait de désigner sous le titre de *petite marraine* n'était autre que notre ancienne connaissance, la belle Émilie Rougier, si brillante en 1810 par l'éclat de sa toilette et des talents qu'elle avait acquis en pension. Elle était mariée depuis douze ans au fils d'un banquier, nommé Brugiès, qui habitait la rue du Montblanc, ou de la Chaussée-d'Antin, comme on l'a appelée depuis.

Ce mariage, nous n'avons pas besoin de le dire, avait été conclu uniquement par le père Rougier. Sa femme n'avait été consultée que pour la forme, et ce n'est qu'en pleurant qu'elle avait donné son consentement. Quant à Mlle Émilie, elle était enchantée. Ce qu'elle eût redouté par-dessus tout, c'eût été d'épouser un ouvrier; elle aurait, il est vrai, préféré un colonel ; mais enfin on pouvait se contenter d'un banquier. Puis, ce qui était bien fait pour la charmer, elle irait habiter les beaux quartiers, au lieu de cette sale rue du Dragon où demeuraient ses parents ; elle pourrait faire entendre sa belle voix et faire admirer ses entrechats dans les salons de la Chaussée-d'Antin ; elle aurait une loge à l'Opéra et aux Italiens : quel bonheur !

Le père Rougier ne recula devant aucun sacrifice pour donner cette existence princière à sa fille. Le jour du mariage, le fils Brugiès devait être associé à son père, et la dot de sa femme formerait la plus grande partie de son apport dans la société. Mais cette dot devait être versée en espèces, et, quoique le père Rougier fût riche, il ne l'était qu'en immeubles et en établissements industriels. Il n'hésita pas à vendre une partie de ses immeubles, entre autres sa maison de la rue du Dragon, dans laquelle il ne se réserva que le petit logement qu'il habitait maintenant. Il vendit également une partie de ses ateliers et magasins du passage du Dragon, ne conservant qu'un petit atelier pour faire exécuter, sous sa direction immédiate, les pièces les plus délicates des divers ouvrages dont il avait l'entreprise. Quant aux gros ouvrages eux-mêmes, il les ferait fabriquer par des entrepreneurs de seconde main.

Sa fille aurait même désiré qu'il renonçât tout à fait à ses travaux, se montrant peu flattée d'être obligée d'avouer que son père n'était qu'un simple artisan. Mais il ne céda pas cette fois aux caprices de son enfant, qu'il n'avait que trop gâtée jusque-là ; il déclara formellement qu'il continuerait à travailler et à exercer son état tant que ses forces le lui permettraient.

Cependant les événements politiques qui suivirent de près le mariage de Mlle Émilie Rougier, l'invasion de la France, en 1814, la chute de l'empire, les Cents jours, la nouvelle occupation de la France par les alliés en 1815, le milliard d'impôt qu'il fallut leur payer, etc. etc., avaient occasionné dans le commerce et l'industrie une grande perturbation qui condamna, bien malgré lui, le père Rougier à un chômage forcé. Enfin ses travaux reprirent un peu vers la fin de 1817, grâce à son ancien protecteur le baron de N***, aujourd'hui pair de France, et fort bien en cour, ou, pour mieux dire, avec le ministre tout-puissant de cette époque, M. Decazes. Mais cette protection tomba avec le ministre, en 1820, et sans espoir de se relever ; car le baron de N*** mourut peu de temps après.

Du reste, pendant toute cette période, les affaires du père Rougier avaient pris successivement une remarquable extension, et, pour peu que cet état se fût soutenu, il n'eût pas tardé à combler, et au delà, l'énorme brèche faite à son capital pour constituer la dot de sa fille. Durant le même temps, les affaires de son gendre paraissaient aussi prospérer à souhait, du moins à en juger par le luxe et l'éclat qui régnaient dans sa maison. Pendant l'hiver, ce n'étaient que fêtes, bals et soirées, dans lesquels la belle Mme Brugiès jeune trônait en reine ; dans l'été elle allait prendre les eaux pour se reposer de ses fatigues, et se mettre en état de recommencer la vie brillante mais pénible de l'hiver suivant. Occupée comme elle l'était, on comprend que la jeune femme du monde n'avait guère le temps de visiter ses parents dans leur solitude de la rue du Dragon. Pour consoler sa mère de cet abandon, elle lui avait envoyé, à sa sortie de nourrice, sa petite fille, nommée Berthe, seule enfant qu'elle eût eue de son mariage.

Tout alla assez bien tant que vécut le père Brugiès ; mais à sa mort, arrivée cette même année 1820, plusieurs gros bailleurs de fonds qui n'avaient probablement pas la même confiance dans le fils que dans le père, retirèrent subitement leurs capitaux ; leur exemple fut imité par d'autres, et la maison *Brugiès père et fils* fut obligée de liquider. Pour éviter une catastrophe qui semblait imminente, le père Rougier, à la sollicitation de son gendre, consentit à le commanditer jusqu'à concurrence des sommes nécessaires pour qu'il pût désintéresser ses anciens bailleurs de fonds et reprendre ses affaires, mais à condition que, sans se mêler directement de la gestion de la maison de banque ni de ses opérations, il exercerait une surveillance sérieuse sur la manière dont elle était administrée, et contrôlerait les dépenses de façon à éviter celles qui jusqu'ici avaient été les plus ruineuses et les plus inutiles. Ce dernier article ne faisait pas le compte de sa fille ; toutefois elle fut bien obligée de se soumettre à la nécessité.

Pour exercer ce contrôle d'une manière efficace, le père Rougier abandonna complètement toutes ses autres affaires, et en céda la suite avec la clientèle à un de ses anciens ouvriers nommé Lefebvre, qui alla s'établir rue de la Roquette. C'est là qu'il avait placé le jeune Éloi en qualité d'apprenti, et où nous le retrouvons encore au 1ᵉʳ décembre 1825. Disons maintenant quelques mots de l'éducation que ce jeune homme avait reçue, et comment s'étaient passées les quinze premières années de sa vie; nous y trouverons sur l'intérieur de la famille Rougier différents détails qui n'ont pu entrer dans ce qui précède.

CHAPITRE II

SI TU VEUX VIVRE, TRAVAILLE

La nourrice à laquelle le petit Éloi avait été confié s'acquitta consciencieusement de son devoir. Au bout de trois ans, Mme Rougier jugea à propos de retirer son filleul et de l'élever chez elle. C'était quelque temps après le mariage de sa fille. La pauvre mère, se voyant en quelque sorte abandonnée de son enfant, voulut du moins chercher une distraction en donnant les soins d'une mère à l'enfant abandonné, qui répondrait peut-être mieux à sa tendresse que ne l'avait fait sa propre fille.

Le père Rougier, loin de s'opposer au désir de sa femme, quoique ce ne fût pas le même motif qui le fit agir, accueillit avec plaisir son filleul, et en voyant sa bonne mine, son air éveillé, ses membres déjà forts et robustes pour son âge, il se rappela ce qu'avait dit le vénérable curé de Saint-Germain le jour du baptême de cet enfant : « qu'on pourrait, avec des soins convenables, en faire un bon ouvrier et un bon chrétien. » M. Rougier, ainsi que nos lecteurs ont déjà pu en juger, était un homme de bien et vraiment consciencieux. Nous n'avons guère vu en lui d'autres défauts qu'une tendresse aveugle pour sa fille. Cette idée, mise en avant par M. le curé, une fois entrée dans son esprit, l'occupa tout entier; il la médita, l'examina sous toutes ses faces, et il résolut enfin de la mettre à exécution. Mais, pour n'être en rien gêné dans la réalisation de ses projets, il jugea convenable, avant de se charger de l'enfant, d'avoir l'assentiment de la confrérie de Saint-Éloi, qui l'avait en quelque sorte adopté. Il fit donc part de ses intentions à ses confrères dans une de leurs réunions ; il déclara en outre qu'en se chargeant d'élever cet enfant il entendait le faire à ses frais, et qu'en conséquence la souscription ouverte à l'époque de son baptême, et qui s'était renouvelée trois fois depuis, cessait désormais. Chacun loua son désintéressement ; personne ne s'avisa d'élever la moindre objection, ni d'offrir de concourir à sa bonne œuvre.

L'enthousiasme manifesté le 1ᵉʳ décembre 1810 était refroidi depuis longtemps ; plusieurs des plus riches membres de la confrérie avaient quitté le quartier ou s'étaient retirés des affaires. La dernière souscription avait été presque nulle, et il est probable qu'elle eût encore moins produit l'année suivante. D'ailleurs on était arrivé au mois de janvier 1814, et l'horizon politique était obscurci d'une manière effrayante : les armées étrangères avaient envahi la France, et s'avançaient vers la capitale. Dans ces temps de crise terrible, où l'intérêt public et particulier était en jeu, où l'avenir s'annonçait menaçant, un peu d'égoïsme était bien permis à des pères de famille qui devaient songer à leurs propres enfants avant de s'occuper d'un étranger. « Quant à M. Rougier, il était riche, sa fille unique était magnifiquement établie, il pouvait sans crainte accomplir cette bonne action : sa conduite n'en était pas moins belle, sans doute ; mais elle était naturelle, puisqu'il était le parrain de l'enfant. » Voilà ce que se disaient entre eux la plupart des confrères de M. Rougier.

Deux personnes cependant étaient vivement contrariées de la détermination qu'avaient prise les époux Rougier de se charger du jeune Éloi Després : c'était M. et Mme Brugiès. Émilie était jalouse des marques d'affection que sa mère prodiguait à l'orphelin, et son mari craignait qu'il ne prît fantaisie à son beau-père et à sa belle-mère de l'adopter, et de diviser ainsi un héritage qu'il avait compté recueillir en entier. Toutefois l'un et l'autre se gardèrent bien de manifester leurs sentiments à ce sujet, de peur de mécontenter sérieusement le père Rougier, et de faire naître peut-être une pensée qui n'existait pas. Ils prirent donc le parti de dissimuler. Le gendre fit même compliment à son beau-père de sa bonne action ; Émilie montra plus d'empressement auprès de sa mère qu'elle ne l'avait fait depuis son mariage ; elle alla même jusqu'à faire des caresses au petit Éloi, qu'elle déclara un charmant enfant. La bonne Marguerite en fut enchantée, et comme l'enfant ouvrait de grands yeux étonnés et semblait demander qui était cette belle dame qui le caressait, Marguerite lui dit que c'était sa petite marraine ; et depuis cette époque Éloi ne cessa de donner ce nom à Mᵐᵉ Brugiès.

Cependant les appréhensions de Brugiès fils se calmèrent un peu lorsque enfin, après trois ans de mariage, sa femme donna le jour à une fille, qui fut nommée Berthe, et qui eut pour parrain M. Brugiès père, et pour marraine Mᵐᵉ Rougier. Celle-ci, depuis l'accouchement de sa fille, lui avait prodigué les marques de la plus vive tendresse, et avait témoigné un grand bonheur de la naissance de sa petite-fille.

« Oh ! s'écria-t-elle, ma chère Émilie, je me réserve de prendre ta fille en sevrage, tu sais que je m'y entends ; et, si j'ai bien voulu me charger d'une pareille tâche pour un enfant qui nous est étranger, tu dois comprendre avec quel plaisir je me chargerai de ta fille, ou plutôt de notre fille, car elle est à moi autant qu'à toi. Quel bonheur j'éprouverai de l'avoir auprès de moi pendant ses premières années ! Cela me rajeunira, et me rappellera le temps où j'étais si heureuse de t'avoir auprès de moi, avant que la pension, et plus tard ton mariage, nous eussent séparées. »

Le père Rougier, qui était présent, confirma les paroles de sa femme, et l'on conçoit avec quelle joie cette proposition fut accueillie par les jeunes époux.

Cependant la naissance de sa petite-fille n'apporta aucun changement aux soins que la bonne mère Marguerite donnait à l'orphelin. Dès que l'enfant avait commencé à parler, c'est elle qui lui avait appris à faire le signe de la croix, et à réciter quelques courtes prières à la portée de son intelligence ; elle lui donna aussi les premières leçons de lecture, jusqu'à ce qu'il eût atteint l'âge d'aller à l'école. Alors on le plaça chez les frères des Écoles chrétiennes, dont il suivit régulièrement les classes jusqu'à ce qu'il eût fait sa première communion, et qu'il entrât en apprentissage.

Quelque temps après qu'Éloi commençait à aller à l'école, la petite Berthe, alors âgée de deux ans, fut retirée de nourrice, et placée, comme on en était convenu, chez sa grand'-mère. Tout entière aux soins à donner à sa petite-fille, la bonne Marguerite s'occupa un peu moins de son ancien protégé ; mais à son tour le père Rougier s'en occupa davantage. Chaque jour il se faisait rendre compte de son travail, et aimait à constater ses progrès. Quand il sut passablement lire et écrire, son parrain vit avec plaisir ses succès dans l'arithmétique et le dessin linéaire. Lui-même était d'une certaine force dans l'une et l'autre partie, et il se plut à donner à Éloi d'utiles conseils qui l'aidèrent à faire de nouveaux progrès.

Désirant en faire un bon ouvrier serrurier, il voulut de bonne heure diriger son goût et son intelligence vers ce but. Souvent, pendant ses récréations, et les jours de vacances pendant une partie de la journée, M. Rougier conduisait l'enfant dans l'atelier qu'il s'était réservé passage du Dragon. Là Éloi s'amusait beaucoup de voir les ouvriers à l'œuvre, et avec cette curiosité naturelle à son âge, il ne cessait de demander les noms et l'usage des divers outils qu'il voyait dans l'atelier. En peu de temps il connut la nomenclature non seulement des objets qui composent une forge et ses accessoires, mais de toutes les pièces qui entrent dans la composition d'une serrure simple, d'une serrure à un tour et demi, à deux tours, etc.

Il avait à peine dix ans, que son plus grand bonheur était de souffler à la forge, et de suivre avec intérêt le travail du forgeron chargé de donner au fer les différentes *chaudes* nécessaires pour lui faire prendre la forme demandée, ou pour le couper, ou pour le souder. Souvent il lui arrivait d'avertir l'ouvrier de l'instant où le fer parvenait à être chauffé à blanc, et où il était nécessaire de le porter sur l'enclume pour le travailler.

M. Rougier suivait avec intérêt les progrès de son élève, et il était heureux de lui voir prendre un goût si prononcé pour le métier auquel il le destinait. Il en parlait quelquefois à ceux de ses anciens collègues qu'il avait continué à voir depuis la dissolution de la confrérie ; et un jour, M. Garnier, l'un d'eux, — celui qui était vice-président à l'époque du baptême d'Éloi, — voulut juger par lui-même des connaissances du petit bonhomme. Il avait dîné chez M. Rougier, et, après le repas, il demanda à voir les cahiers de classe d'Éloi. Celui-ci, sur un signe de son parrain, alla les chercher, et M. Garnier, après avoir examiné des pages bien écrites, des dictées où les fautes d'orthographe n'étaient pas très nombreuses, s'arrêta sur un carton rempli de dessins linéaires qui représentaient une forge avec tous ses accessoires, et diverses serrures avec toutes leurs pièces.

« Oh! oh! dit-il en souriant, voici un travail digne d'un enfant de saint Éloi; est-ce que vous avez dessiné tous ces objets d'après nature ?

— Non, Monsieur, je les ai copiés sur des gravures que m'a prêtées mon parrain.

— Ah! très bien; mais enfin connaissez-vous tous ces objets et pourriez-vous me les désigner en m'en indiquant l'usage?

— Je pense que je le pourrais.

— Eh bien, je veux vous mettre à l'épreuve. Que représente cette première feuille?

— Une forge avec ses principaux accessoires.

— Montrez-moi, en me les nommant, les diverses parties dont se compose une forge.

— Une forge se compose d'abord de ce qu'on appelle la *paillasse*, qui est un massif en maçonnerie, cerclé de fer, d'un mètre environ de hauteur, sur lequel se trouve le foyer; ensuite du *contre-cœur*, qui est une petite maçonnerie en briques, placée derrière le foyer, et où aboutit le tuyau du soufflet; la *hotte*, qui a la forme d'un entonnoir renversé, formant l'entrée de la cheminée au-dessus de la paillasse, pour ramasser toute la fumée sortant du foyer, quelque largeur qu'on lui donne ; enfin le *soufflet*, qui est la partie principale de la forge, et celle qui en détermine la puissance. Il y a plusieurs formes de soufflets. Celle qui est ici représentée est la forme du soufflet à deux vents, le plus fréquemment employé : il a cependant de nombreux inconvénients, dont les deux principaux sont d'occuper beaucoup de place et de produire un vent irrégulier. L'autre espèce, dont mon parrain fait usage, est un soufflet à trois vents, de Radier ; il occupe moins de place que l'autre, et il donne un vent très régulier.

— Fort bien, mon ami ; passons maintenant aux principaux outils que je vois figurer dans votre dessin. Je ne vous parlerai pas des enclumes, des tenailles de toutes grandeurs et de toutes formes, des marteaux gros et petits, dont tout le monde connaît l'usage, même les gens qui ne sont pas du métier ; mais dites-moi quels sont ces outils de formes variées que je vois rangés en bon ordre sur cette feuille ?

— Voilà d'abord des *chasse-rondes,* puis

des *chasse-carrées* et à *biseau;* on les interpose entre le fer chaud placé sur l'enclume et le marteau, et ils servent à donner aux pièces les formes rondes et régulières que l'action du marteau seul donnerait difficilement. Voici maintenant les *étampes,* qui servent à peu près au même usage, mais qu'on place entre la pièce et l'enclume ; puis voici les *tranches* à chaud et à froid pour couper le fer dans ces deux états ; puis les *perçoirs,* les *casse-fer,* etc.

— Fort bien, mon ami ; je vois que si vous n'avez pas encore la force de manier les outils d'une forge, vous les connaissez déjà, et vous saurez vous en servir quand l'âge vous le permettra. Ah ! je vois ici différents dessins de serrures...

— Je vous ferai observer, dit M. Rougier à son ami, que ces dessins n'ont pas été copiés sur des gravures comme ceux de la forge ; il n'a eu d'autres modèles que des serrures mêmes que je lui ai mises sous les yeux, et que j'ai démontées devant lui pour qu'il pût en dessiner les diverses pièces séparément, aussi vous n'y remarquerez pas la même exactitude que sur ce qu'il a dessiné d'après la gravure.

4

— Cela n'en a que plus de mérite à mes yeux, reprit M. Garnier; mais comme je tiens moins à constater son talent comme dessinateur que ses connaissances comme futur serrurier-mécanicien, je désirerais l'interroger sur la composition d'une serrure, qui est le premier et le principal ouvrage de la serrurerie, et celui qui exige le plus d'adresse et d'habileté de la part de l'ouvrier. Voyons, montrez-moi une des serrures qui vous ont servi de modèle, et vous m'en ferez la description en m'indiquant les diverses pièces dont elle se compose. »

M. Rougier apporta aussitôt plusieurs serrures. M. Garnier en prit une, et commença son examen. « Comment nomme-t-on cette boîte de fer dans laquelle est renfermé le mécanisme de la serrure?

— Elle se nomme *palâtre*, et cette boîte se compose d'un fond rectangulaire sur lequel sont assemblés quatre côtés en tôle au moyen de petites queues saillantes, enlevées à la lime et rivées (il est inutile de faire observer à nos lecteurs qu'à mesure qu'Éloi donnait ces explications, il touchait de la main ou indiquait du doigt chaque objet qu'il décrivait). Le plus haut de ces quatre côtés, à travers lequel passe le *pêne*, c'est-à-dire le verrou de la serrure, se nomme le *rebord;* les trois autres, qui sont faits avec une même feuille de tôle pliée, s'appellent la *cloison*.

— Qu'est-ce que le pêne, dont vous venez de parler, et qui est la principale pièce d'une serrure ?

— Le pêne est une espèce de verrou destiné à s'engager dans la *gâche,* ou petit crampon fixé à vis ou à scellement sur un des montants du chambranle de la porte, et à tenir ainsi cette porte fermée. Le pêne a plusieurs parties, qui portent des noms différents. Ainsi, ce qui sort de la serrure pour venir s'engager dans la gâche, lorsque la porte se ferme, s'appelle la *tête*. La tête est formée d'une ou plusieurs dents; ce qui fait, suivant le cas, prendre au pêne les noms de *pêne simple* ou de *pêne fourchu*. L'extrémité opposée s'appelle la *queue du pêne;* elle porte d'un côté des parties saillantes appelées *barbes du pêne,* sur lesquelles la clef agit, et de l'autre des *encoches,* dans lesquelles tombe un *ergot*, qui termine un ressort appelé l'*arrêt du pêne,* et ayant pour objet de ne permettre au pêne de se mouvoir que lorsqu'il est poussé par la clef de la serrure.

— Parlez-nous maintenant de la clef.

— La clef se compose de l'*anneau*, de la *tige* et du *panneton*, qui est destiné à entrer et à jouer dans la serrure, en soulevant l'arrêt et en poussant les barbes du pêne, dans un sens ou dans un autre, selon que l'on veut fermer ou ouvrir la porte. Dans les clefs forées, la tige, qui prend alors le nom de *canon*, est percée d'un trou longitudinal correspondant à une broche fixée solidement au palâtre, en face du trou de la serrure ; quelquefois le trou du canon a la forme d'un trèfle, d'un fer de lance, etc. Dans ces divers cas, la forme de la broche est toujours correspondante. Le panneton de la clef porte diverses entailles qui servent à donner passage à certaines pièces de tôle contournées, appelées *gardes* ou *garnitures*, et fixées dans l'intérieur de la serrure ; elles servent, ainsi que la broche, à empêcher l'entrée de toute clef autre que celle qui a été faite pour la serrure. Quand la tige n'est pas forée, elle se termine par un bouton qui dépasse le panneton, et qui vient alors s'engager dans un trou pratiqué au fond de la boîte. Il y a encore la serrure à *bec de cane*, dont le pêne est taillé en chanfrein, de sorte qu'en poussant la porte elle se ferme d'elle-même, le pêne étant continuellement poussé par un ressort. On nomme aussi ce pêne à *demi-tour* ou *à ressort*.

— C'est assez, mon ami, dit alors M. Garnier ; je vois que vous connaissez la théorie de notre état autant qu'on peut la connaître à votre âge ; il ne vous manque plus que la pratique, et, avec vos dispositions, vous l'acquerrez facilement, je n'en doute pas, en grandissant, en prenant des forces, et en suivant toujours les conseils de votre bon parrain. » Il félicita ensuite celui-ci des succès de son filleul, assurant qu'il s'intéresserait toujours à cet enfant, s'il continuait à répondre aux bonnes intentions de ses protecteurs.

Les autres amis de M. Rougier, anciens membres de la confrérie de Saint-Éloi, firent les mêmes promesses, après avoir fait subir à l'enfant les mêmes épreuves que M. Garnier.

Le but de M. Rougier, en rappelant l'attention de ses anciens confrères sur l'enfant adopté autrefois par leur société, n'avait pas été de les engager à contribuer de nouveau aux frais de son éducation ; seulement, comme il venait, par les motifs que nous avons rapportés dans le chapitre précédent, de quitter les affaires, il voulait trouver à son pupille des patrons chez lesquels celui-ci ferait son apprentissage aux meilleures conditions possibles, et qui exerceraient sur lui une surveillance toute paternelle.

Cependant, avant de le mettre en apprentissage, il voulait qu'il fît sa première communion. Pour le préparer convenablement à ce grand acte, il lui fit suspendre une partie de ses travaux et de ses lectures techniques, afin qu'il s'appliquât plus spécialement à l'étude de la religion. Du reste, cette étude n'avait jamais été négligée, et la mère Marguerite en avait donné les premiers principes à son filleul dès sa plus tendre enfance. Plus tard, quand le père Rougier s'était occupé d'une manière plus particulière du jeune garçon, il avait continué de développer la bonne semence que sa femme avait jetée dans cette âme heureusement douée. Il s'était attaché surtout à faire comprendre à l'enfant que non seulement il pouvait être à la fois bon ouvrier et bon chrétien, mais même qu'il deviendrait meilleur ouvrier à mesure qu'il deviendrait meilleur chrétien. Il appuyait cette vérité par l'exemple d'un grand nombre de saints qui avaient été de simples artisans, à commencer par saint Joseph, le père nourricier de Notre-Seigneur, qui était charpentier, et par l'enfant Jésus lui-même, qui ne dédaigna pas de travailler de ses mains divines dans un atelier. Après avoir passé en revue beaucoup d'autres saints qui tous avaient exercé des professions manuelles, il arriva à saint Éloi, le patron de son filleul et de tous les ouvriers qui travaillent les métaux. Il lui en raconta l'histoire si intéressante, et l'enfant écouta ce récit avec avidité. « Oh! je suis bien aise, mon parrain, s'écria-t-il, d'apprendre tout cela sur mon saint patron ; au moins je saurai que répondre à mes camarades, qui, en entendant prononcer mon nom, ne manquent jamais de me corner aux oreilles la chanson du roi Dagobert et du bon saint Éloi. Mais, pour me mieux pénétrer de ce que j'aurai à leur dire, veuillez avoir la bonté de me répéter cette histoire.

— Bien volontiers, mon ami ; car j'approuve ton idée de chercher à détruire, autant que tu le pourras, les fausses idées répandues sur un saint digne de respect et de vénération ; tu pourras dire à tous ceux qui jamais te parleront de saint Éloi que, si une chanson, devenue on ne sait pourquoi populaire, a jeté quelque ridicule sur son nom, ce ridicule tombe devant la réalité d'une belle vie, d'une vie glorieuse et utile au même titre que celle des hommes les plus justement célèbres comme bienfaiteurs de l'humanité. »

Ici M. Rougier recommença son récit ; nous croyons devoir le reproduire, en l'abrégeant toutefois, parce que nous pensons que nos jeunes lecteurs, qui peut-être n'ont jamais entendu parler de saint Éloi que dans la chanson à laquelle le filleul de M. Rougier faisait allusion, ne seront pas fâchés de connaître un personnage qui, sorti des rangs du peuple et s'élevant par son travail et ses vertus, est parvenu aux plus hautes dignités de l'Église et de l'État, et qui, lors même qu'il ne serait pas inscrit au rang des saints que l'Église révère, n'en tiendrait pas moins une place distinguée dans les fastes de notre histoire.

« Il y a plus de douze cents ans, dit le père Rougier, vers la fin du vi[e] siècle, en 588, qu'un enfant naquit à Chatelat, ou Chatelac, en Limousin, d'un père nommé Eucher, et d'une mère nommée Terrigia, appartenant à une classe de pauvres ouvriers; l'enfant reçut le nom d'*Eligius,* dont on a fait en français Éloi. De très bonne heure ce pauvre enfant, dont le père, à ce que l'on croit, était forgeron, manifesta d'heureuses dispositions pour le travail, et surtout une grande aptitude pour les arts du dessin. Ce goût prononcé pour les ouvrages d'art détermina son père à le placer chez un orfèvre de Limoges, où son talent ne tarda pas à se développer et à lui acquérir une certaine réputation; mais ce qui le distinguait également, c'était sa douceur, sa droiture, sa piété.

« Abbon, maître de la monnaie de Limoges, ayant entendu parler d'Éloi, le plaça dans les ateliers de cet établissement, non sans importance à cette époque. Il continua, dans cette nouvelle position, à se vouer à l'étude du dessin, à la manutention des métaux, et il fit en peu d'années, dans cet art difficile de travailler l'or et l'argent, des progrès tels, que Bobbon, trésorier du roi Clotaire II, en ayant ouï parler, le tira de la monnaie de Limoges pour qu'il vînt à Paris. Éloi n'avait alors que trente ans. Bobbon lui fit exécuter plusieurs ouvrages précieux, et, charmé de son adresse, il proposa au roi de charger cet habile ouvrier de confectionner un trône ou fauteuil d'or orné de pierreries, que Clotaire avait depuis quelque temps le désir de posséder. Ce prince acquiesça à la proposition de son trésorier, et il fit remettre à Éloi la quantité d'or que plusieurs orfèvres avaient jugée nécessaire pour l'exécution de ce travail.

« Éloi se mit à l'œuvre ; mais l'habile et consciencieux ouvrier, avec la même matière, au lieu d'un trône en fit deux de forme pareille, également magnifiques ; et cela sans miracle, par sa seule habileté à mettre en œuvre la matière qu'on lui avait fournie. On raconte qu'il ne présenta d'abord que l'un des fauteuils au roi, et que, quand on se fut bien récrié sur la beauté et la richesse du travail ainsi que sur le goût de l'artiste, il montra le second. Grand fut l'étonnement de Clotaire et de ses amis; et comme le roi paraissait surtout désirer connaître où le pauvre ouvrier avait pu prendre tout l'or nécessaire à la confection de ce riche fauteuil : « Je l'ai fait, répondit simplement
« Éloi, avec l'or qui était resté après avoir
« terminé le premier. »

« De ce jour le jeune orfèvre devint le favori du roi, charmé tout à la fois de l'habileté et de la probité de ce simple ouvrier; mais il n'abusa point de sa faveur : on ne le vit ni moins humble, ni moins réservé, ni moins pieux.

« Après la mort de Clotaire, Dagobert Ier, — ce roi que la chanson dont tu parlais tout à l'heure a ridiculisé en même temps que notre saint, et avec non moins d'injustice, car il fut, suivant l'expression d'un historien, le dernier des Mérovingiens qui sut porter le spectre, — Dagobert Ier, amateur du luxe, des riches ornements, des œuvres de l'art, nomma Éloi non seulement son orfèvre et son monétaire, mais encore son trésorier, charge qui répond parfaitement à celle d'un ministre des finances de nos jours, sauf l'importance relative selon les temps.

« Tout en s'occupant des devoirs de sa charge, Éloi continua de se livrer à l'orfèvrerie; seulement, n'ayant plus besoin de son travail pour vivre, il le consacra uniquement à l'ornement des églises. C'est lui qui décora le tombeau de saint Germain et qui en composa les bas-reliefs. Il confectionna les châsses de saint Denis, de sainte Geneviève, de saint Martin de Tours, de sainte Colombe.

« Dagobert n'employait pas seulement Éloi comme son trésorier, il lui confiait aussi quelquefois des missions diplomatiques ; ainsi, en 636, Judicaël, duc de Bretagne, s'étant révolté contre le roi de France, Dagobert envoya Éloi auprès de lui, et ses négociations eurent pour résultat de couper court à des différends fâcheux.

« Comblé des faveurs et des dons du roi, il reversait tout sur les pauvres ; ses revenus étaient employés à nourrir et à vêtir les indigents, racheter les captifs, et à fonder des établissements de piété. C'est ainsi qu'il fonda l'abbaye de Solignac, sous la règle de Saint-Colomban, et un monastère à Paris, sous la conduite de sainte Aure.

« Après la mort de Dagobert, le clergé et le peuple de Noyon demandèrent pour évêque celui qu'on appelait *le Religieux de la cour*. Clovis II donna son adhésion ; et le saint orfèvre, malgré ses prières et ses larmes, se vit contraint de recevoir les ordres sacrés. Il dit alors à la cour un éternel adieu, et alla s'ensevelir dans les devoirs de son épiscopat. Bientôt, sous un tel évêque, la discipline ecclésiastique régna dans le clergé, la piété refleurit parmi les fidèles, la foi triompha au milieu des idolâtres; car son zèle le porta à aller jusqu'en Zélande et aux extrémités du Brabant détruire les restes des superstitions païennes. Il était aussi très éloquent, et il en donna des preuves en deux conciles, dont il fut une des lumières : en 644, au second concile d'Orléans, et au concile qui fut tenu à Rome vers 651. J'ajouterai encore à son éloge qu'il s'éleva avec force contre le commerce d'esclaves qui s'était introduit à cette époque, et qu'il eut des paroles éloquentes pour le flétrir au nom de l'Évangile. La charité d'Éloi était telle, qu'il recueillait pieusement les corps des criminels suppliciés, et leur donnait la sépulture de ses propres mains. Tous les jours il recevait douze pauvres à sa table, et lui-même les servait. « Là où vous verrez un « grand concours de pauvres, vous trouverez « Éloi, » disait-on.

« Ayant ainsi vécu, Éloi couronna une vie au-dessus de tout éloge par une mort simple et pleine d'espérance dans la vingtième année de son épiscopat, le 1ᵉʳ décembre 659 : il avait soixante-dix ans accomplis.

« Une chose singulière, ajouta M. Rougier en terminant son récit, et qui mérite d'être signalée, c'est qu'Éloi, tout en se livrant avec un véritable zèle à tous les devoirs de l'épiscopat, trouva encore le moyen de produire plusieurs beaux ouvrages d'orfèvrerie, souvenir honorable et désintéressé de son premier état. Je conserve précieusement un ancien portrait de notre saint patron, dans lequel, pour consacrer la mémoire de ce fait, l'artiste l'a représenté debout, en chape, la mitre sur la tête, tenant d'une main la crosse épiscopale, et bénissant de l'autre le fourneau allumé de sa forge. Une enclume est devant le fourneau, et sur l'enclume un compas et un marteau, hommage simple et plein de sincérité rendu à la noblesse des arts utiles. Je te prêterai cette image pour que tu en fasses une copie, que tu montreras comme une réponse victorieuse à la stupide et ridicule légende de la chanson qu'on ne devrait jamais entendre dans la bouche d'un ouvrier, d'un Français, d'un chrétien.

« Tu vois, mon ami, que tu as dans le

ciel un noble patron à invoquer, et surtout à imiter. Plus tu méditeras sur sa vie, plus tu te pénétreras de cette pensée, qu'un jeune homme, n'importe dans quelle condition il soit né, peut, avec le travail, le courage, la persévérance et une bonne conduite, c'est-à-dire une conduite vraiment chrétienne, parvenir aux biens et aux honneurs de ce monde, et, ce qui est mille fois plus précieux, à la gloire éternelle dans l'autre. »

Fortifié par de pareils enseignements joints à ceux du catéchisme, qu'il fréquentait assidûment, Éloi fit sa première communion dans les meilleures dispositions possibles. Peu de temps après, son parrain le mit en apprentissage chez un de ses anciens ouvriers, M. Lefebvre, qui connaissait parfaitement Éloi et ce dont il était capable ; aussi le prit-il à des conditions avantageuses, qu'il n'aurait faites à aucun autre apprenti. De son côté, M. Rougier posa aussi ses conditions : la première était qu'on ne le ferait jamais travailler le dimanche, et que son patron aurait soin qu'il assistât ce jour-là aux offices de sa paroisse, lorsqu'il ne pourrait venir passer la journée chez son parrain, auquel cas celui-ci ou sa marraine se chargerait de l'accompagner aux offices.

Ce ne fut pas sans verser bien des larmes qu'Éloi quitta la maison de son parrain et de sa marraine, qui était pour lui la maison paternelle, pour entrer en apprentissage chez un étranger. La bonne Marguerite ne vit pas non plus d'un œil sec s'éloigner l'enfant qui avait autrefois comblé en partie le vide qu'avait fait dans son cœur et dans le foyer domestique l'absence de sa fille. Mais, cette fois du moins, le départ d'Éloi ne laissait pas la maison aussi vide qu'elle l'était après le mariage d'Émilie : Marguerite avait maintenant sa petite-fille Berthe, charmante enfant de cinq à six ans, qu'elle aimait peut-être plus encore qu'elle n'avait aimé sa mère.

Malgré la distance qui sépare la rue de la Roquette de la rue du Dragon, il ne se passa presque pas un jour de dimanche et de fête, pendant toute la durée de l'apprentissage d'Éloi, sans qu'il vînt visiter son parrain Rougier et sa bonne marraine Marguerite. Celle-ci l'accueillait comme un fils, et s'informait de ses besoins avec une sollicitude toute maternelle. Ces journées-là s'écoulaient rapidement, soit en causeries avec son parrain sur ses travaux et sur ses progrès dans le dessin, soit dans l'étude des mathématiques et de la mécanique; car depuis quelque temps il suivait des cours gratuits de ces sciences à l'usage des ouvriers; puis, si le temps était beau, il allait faire une promenade au Luxembourg avec sa marraine et la petite Berthe, qui aimait beaucoup à jouer avec le petit filleul de bonne maman.

Pendant la dernière année de l'apprentissage d'Éloi, il se passa un événement qui renouvela la solitude dans la maison de la bonne Marguerite. Sa fille, Mme Brugiès, tomba malade, peut-être du chagrin d'avoir contribué par ses folles dépenses aux embarras de son mari, peut-être par suite de la privation des plaisirs et des distractions dispendieuses qu'elle se procurait autrefois. Quoi qu'il en soit, sa maladie fut grave, et sa convalescence longue. Elle témoigna alors le désir d'avoir son enfant auprès d'elle. Mme Rougier n'osa refuser cette consolation à sa fille, quoiqu'elle sentît pour elle-même tout le prix de cette privation. Seulement il fut convenu que la jeune mère et l'enfant viendraient chaque dimanche voir leurs grands parents : arrangement qui convenait beaucoup à Berthe, parce qu'il lui donnerait l'occasion de revoir souvent son petit ami Éloi. Toutefois il paraît, d'après la réponse de Marguerite à la question qu'Éloi lui adressa en se rendant à l'église, et que nous avons rapportée dans le chapitre précédent, que ces visites n'étaient pas très régulières.

Telle était la situation des divers personnages qui figurent dans notre histoire, lorsque nous les retrouvons le 1er décembre 1825.

CHAPITRE III

LE CONSEIL DE FAMILLE

Quoique l'ancienne confrérie de Saint-Éloi, dont nous avons parlé en commençant, n'existât plus depuis une dizaine d'années, un certain nombre des maîtres et des ouvriers qui en faisaient partie ne manquaient jamais d'assister ce jour-là à une messe qu'ils faisaient célébrer dans l'église Saint-Germain-des-Prés. Ainsi, le 1er décembre 1825, nous retrouvons à la messe de saint Éloi, outre M. Rougier, son ami M. Garnier, M. Saillard, l'ancien trésorier de la confrérie, M. Marion, l'un des anciens syndics, et plusieurs autres encore, moins liés avec M. Rougier que les trois que nous venons de nommer. C'étaient ces derniers qu'il avait invités à dîner, et avec lesquels il voulait avoir un entretien au sujet d'Éloi.

A l'issue de la messe, M. Rougier emmena ses amis chez lui, et peu de temps après on se mit à table; car ils avaient encore la vieille habitude de dîner à midi.

Dans cette réunion, Éloi subit un nouvel examen de la part de ses protecteurs; on l'interrogea sur les principales opérations du forgeage et de la soudure, puis sur ce qu'on appelle le *travail de l'établi*, qui comprend les diverses opérations de l'ajustage, bien plus nombreuses et bien plus compliquées que le travail de la forge. Sur toutes ces questions, ses réponses furent on ne peut plus satisfaisantes.

« Eh bien, mon enfant, lui dit alors M. Garnier, maintenant que ton apprentissage touche à sa fin, quels sont tes projets pour l'avenir? Où désires-tu te placer comme ouvrier?

— Je ferai ce que décidera mon parrain; c'est lui qui m'a dirigé jusqu'ici, et je me suis toujours trop bien trouvé de ses conseils pour ne pas continuer à les suivre.

— Bien répondu, mon ami ; seulement ton parrain désirerait te laisser un peu plus d'initiative. Il est bon qu'à ton âge, quand on possède déjà une certaine somme de connaissances, on s'habitue à prendre de soi-même une détermination, en la soumettant toutefois à l'approbation et aux conseils des personnes qui nous veulent du bien et qui ont plus d'expérience que nous. »

Comme Éloi hésitait à répondre, son parrain, pour l'encourager, lui dit : « Tu connais les diverses spécialités de la serrurerie ; tu sais qu'elles ont entre elles la plus grande analogie quant aux procédés principaux de fabrication, en sorte que les ouvriers qu'occupe le serrurier-mécanicien peuvent presque toujours travailler chez le serrurier en bâtiments, chez le serrurier-charron, etc. Cependant, pour devenir vraiment habile dans une partie, il est essentiel de s'y adonner exclusivement, et pour cela de choisir celle pour laquelle on se sent le plus de goût et d'aptitude. Eh bien, quelle est la branche de la serrurerie qui t'inspire le plus d'attrait ? C'est ce que toi seul peux savoir, et que nous désirions que tu nous fasses connaître; c'est là ce que M. Garnier entend en te disant que je te laisse à cet égard toute ton initiative. J'ajouterai que ces messieurs représentant les trois spécialités principales de la serrurerie, puisque M. Garnier est serrurier-mécanicien, M. Saillard serrurier en bâtiments, et M. Marion serrurier en voitures, te portent un égal intérêt, et que celui dont la spécialité aura ta préférence est disposé à te prendre comme ouvrier.

— Je ne saurais trop vous remercier, mon parrain ainsi que ces messieurs, de vos bontés pour moi; et puisque vous me demandez de m'expliquer sur ce que je voudrais faire après mon apprentissage, et quelle serait la partie de la serrurerie qui me plairait le plus, et dans laquelle je désirerais me perfectionner, eh bien, c'est celle d'ouvrier mécanicien. Seulement je pensais que le meilleur moyen pour atteindre ce but eût été de voyager pendant quelque temps et de visiter les grands ateliers de fabrication de machines, tant de France que d'Angleterre. Ce serait là mon désir le plus ardent; mais je vous laisse à juger s'il m'est possible de le réaliser.

— C'est une fort bonne idée qu'a ce jeune homme, fit observer M. Saillard; toutefois je le crois trop jeune encore pour la mettre à exécution immédiatement.

— C'est aussi mon avis, dit M. Marion; un jeune ouvrier ne peut guère commencer son tour de France avant l'âge de dix-huit à vingt ans.

— Je crois, moi, reprit M. Garnier, qu'il pourrait le commencer plus tôt, parce que je remarque en lui un certain aplomb que n'ont pas toujours les jeunes gens de son âge; cependant je pense, comme M. Saillard, qu'il est trop jeune pour voyager en ce moment, et qu'il ne devrait pas y songer avant un an ou dix-huit mois au plus. Mais qu'en pense son parrain? C'est lui qui remplit envers cet enfant les fonctions de tuteur, et qui lui sert de père : c'est donc à lui de décider la question. »

Avant de répondre à cette interpellation, M. Rougier engagea Éloi à aller rejoindre sa marraine dans la chambre voisine, en lui disant qu'il le rappellerait pour lui faire connaître le résultat de la conférence qu'il allait avoir avec ces messieurs.

Dès que le jeune homme fut sorti, M. Rougier, s'adressant à ses amis, leur dit : « Je suis, il est vrai, le tuteur de cet enfant, et c'est vous qui, il y a quinze ans, m'avez confié cette charge, dont je crois m'être acquitté consciencieusement jusqu'ici. Je n'ai jamais eu à me repentir d'avoir accepté cette tâche, qui m'a, du reste, été singulièrement facilitée par les qualités de mon pupille. Jusqu'à présent j'ai agi seul et sous ma propre responsabilité ; mais nous sommes arrivés au moment de prendre un parti qui peut avoir des conséquences fort importantes pour l'avenir de cet enfant. Cette fois je n'ai rien voulu décider sans vous consulter, vous, les seuls membres restants du conseil de famille qui m'a autrefois conféré sa tutelle. Il y a déjà près d'un an qu'Éloi m'a manifesté le désir de voyager dès qu'il aurait terminé son apprentissage, sans me dire toutefois, comme il vient de le faire tout à l'heure, dans quelle branche de la serrurerie il désirait se perfectionner. Je lui ai répondu alors comme vient de le faire notre ami Garnier. Depuis ce temps, je le reconnais, il s'est fortifié sous tous les rapports, et il a acquis, tant au physique qu'au moral, une certaine consistance, ou, comme l'a remarqué avec justesse Garnier, un certain aplomb au-dessus de son âge, et qu'on ne rencontre pas toujours chez des jeunes gens de dix-huit et de vingt ans. Je pense donc que, quoiqu'il n'ait pas encore atteint l'âge d'être légalement émancipé, on pourrait, sans inconvénient, lui laisser une certaine liberté d'action, ou une sorte d'émancipation morale dont, j'en suis convaincu, il n'abuserait pas ; qu'ainsi il n'y aurait pas de danger à lui accorder l'autorisation de voyager dès qu'il aurait terminé son apprentissage, comme il en a manifesté le désir.

— Mais ne craignez-vous pas, fit observer M. Marion, que ce désir de voyager ne cache l'envie de se soustraire à toute surveillance ?

— Je le connais assez pour être convaincu que jamais une telle pensée n'est entrée dans son esprit, et qu'il n'est pas mû par d'autres motifs que ceux qu'il nous a déclarés.

— Je le crois comme vous, reprit M. Saillard ; mais, jeune comme il est, et sans expérience, n'est-il pas à craindre que, tout en partant avec les meilleures intentions du monde, il ne se laisse facilement entraîner à

des sottises ou à des fautes plus ou moins
graves quand il ne se sentira plus placé
sous l'œil vigilant de son tuteur, de son
parrain?

— Ici je ne saurais répondre d'une manière
aussi affirmative que je l'ai fait tout à l'heure
à M. Marion; cependant, s'il est permis de
juger de l'avenir d'un jeune homme par les
antécédents, nous ne saurions à cet égard avoir
des craintes bien fondées. Depuis trois ans,
c'est-à-dire depuis qu'Éloi est entré en apprentissage, vous le savez, mes amis, des intérêts
personnels et de famille ont à peu près absorbé
tout mon temps, et ne m'ont permis d'exercer
sur mon pupille qu'une surveillance bien
peu active; car il m'est arrivé de rester des
mois entiers sans le voir, sans presque en
entendre parler. J'avais, il est vrai, chargé
Lefebvre de veiller sur lui; mais vous connaissez la faiblesse de son caractère, et combien il eût été facile à Éloi de se soustraire à
cette surveillance, si l'envie lui en fût venue.
Vous connaissez aussi, au moins par ouï-dire,
la réputation des ouvriers qu'il emploie; ils
sont la plupart fort habiles dans leur partie;
mais ils sont indisciplinés, turbulents. Un

grand nombre font partie de ces sociétés secrètes qui nous menacent peut-être un jour ou l'autre d'une nouvelle révolution, et presque tous affectent de se moquer de la religion et de ses ministres. Eh bien, Éloi est resté pur au milieu de ces éléments de corruption ; il a su résister aux séductions des uns, aux railleries des autres, et, bravant le respect humain, remplir avec une égale exactitude ses devoirs d'apprenti et ses devoirs de chrétien. Après avoir subi une pareille épreuve, croyez-vous qu'il se laisserait facilement aller aux entraînements dont parlait tout à l'heure notre ami Saillard ?

— J'avoue, reprit celui-ci, que cette épreuve offre de puissantes garanties en faveur de la conduite de ce jeune homme ; mais permettez-moi, mon cher Rougier, de vous faire à ce sujet une observation : comment se fait-il que vous qui connaissiez le caractère de votre ancien contremaître Lefebvre et la composition de son atelier, vous lui ayez confié votre pupille ?

— D'abord je n'avais pas le choix. Je tenais à placer cet enfant chez quelqu'un de connaissance, et aucun de vous ne prend d'apprentis ;

d'ailleurs vous vous occupez chacun de spécialités, et je désirais qu'il continuât à s'exercer dans le genre des travaux qu'il avait vu pratiquer ici, et auxquels il était en quelque sorte initié. Or personne ne pouvait mieux convenir sous ce rapport que Lefebvre, qui avait travaillé plus de dix ans chez moi, soit comme ouvrier, soit comme contremaître, et à qui j'avais cédé la suite d'une partie de mes affaires, auxquelles il avait ajouté d'autres branches de notre industrie. Je connaissais, il est vrai, la faiblesse de son caractère; mais je savais aussi qu'il m'était dévoué et qu'il ferait tout son possible pour remplir les conditions que je lui avais imposées en lui confiant ce jeune apprenti. Enfin je ne connaissais pas alors le mauvais esprit d'un grand nombre de ses ouvriers, ou plutôt ce mauvais esprit n'existait pas encore; car il n'a été introduit que depuis deux ans dans ses ateliers, par une vingtaine de nouveaux ouvriers que Lefebvre a admis, un peu par nécessité, beaucoup par suite de sa faiblesse ordinaire. Bien plus, je n'ai appris le danger que courait Éloi qu'en apprenant la ferme résistance qu'il y avait opposée. Que faire alors? Le retirer, interrompre son apprentissage au moment où il faisait de rapides progrès : pour le placer où? Mais, dans le temps où nous vivons, les mêmes dangers l'attendaient partout ailleurs, et je n'aurais pas même été sûr de rencontrer chez un autre patron les mêmes garanties que chez Lefebvre. J'ai donc pensé que le meilleur parti à prendre était de le laisser où il était, en l'encourageant de mon mieux à résister aux mauvais conseils et aux séductions de ses camarades. Je n'ai eu besoin pour cela que de le rappeler aux grands principes de la religion dans laquelle il a été élevé, et de lui faire sentir, ce que déjà il comprenait parfaitement, que son avenir est entre ses mains ; qu'il n'a ni parents ni famille dont il puisse espérer quelque assistance ; qu'il ne doit compter que sur lui-même, sur son travail et sa bonne conduite, et qu'à ce prix seul il pourra conserver les amis et les protecteurs qui l'ont aidé jusqu'ici.

« Ces considérations, et, je dois l'ajouter aussi, l'excellente nature dont cet enfant est doué, ont suffi pour l'empêcher de succomber pendant la sérieuse épreuve qu'il vient de traverser ; épreuve qui, comme l'a fort bien dit notre ami Saillard, offre de puissantes garanties pour la conduite à venir de ce jeune homme.

« Tels sont les motifs qui m'empêchent de voir beaucoup d'inconvénients à le laisser voyager dès à présent. Je conçois qu'à un autre point de vue il vaudrait peut-être mieux qu'il acceptât l'offre de passer encore un an ou dix-huit mois comme ouvrier chez M. Garnier, parce que l'on pourrait alors exercer sur lui une surveillance plus efficace que s'il était loin de Paris. Mais, d'un autre côté, Paris n'offre-t-il pas plus de dangers que la province? Est-il bien facile de surveiller un jeune homme, et de l'empêcher de se mal conduire quand il en a la volonté, surtout lorsqu'on n'a sur lui qu'une action morale comme celle que nous avons sur Éloi? Quant à moi, je ne voudrais pas me charger d'une pareille responsabilité, à moins qu'il ne s'agît de mon propre fils ou d'un proche parent sur lequel j'aurais une autorité légale et positive, et encore je n'oserais pas me flatter de réussir. Quant à Éloi, je pense avoir accompli en conscience la tâche qui m'a été imposée à son baptême en qualité de parrain : je lui ai donné l'éducation qui convenait à sa condition, je lui ai fait apprendre un état ; il peut maintenant se suffire à lui-même et gagner sa vie par son travail. Pour le maintenir dans le devoir, je me suis attaché à lui inspirer par-dessus tout l'amour de Dieu et l'amour du travail : avec ces deux sentiments il peut, je crois, marcher sans lisière, et, tant qu'il en sera pénétré, il n'a pas besoin d'être surveillé.

« Ce n'est pas à dire pour cela, Messieurs, que je songe à l'abandonner à lui-même, pour ne plus en entendre parler. Dieu me garde d'une pareille pensée ! Je prendrai toujours un vif intérêt à ce qui le regarde ; il trouvera toujours en moi un appui et des conseils paternels chaque fois qu'il les réclamera ; mais je veux qu'il s'accoutume à ne pas compter trop facilement sur cet appui et sur ces conseils ; je veux qu'il exerce ses propres forces, afin de s'habituer à en faire usage et à trouver des ressources en lui-même plutôt que de les chercher chez les autres. »

Les trois amis de M. Rougier reconnurent qu'il avait raison, et tous s'engagèrent à seconder ses intentions à l'égard d'Éloi, autant que cela leur serait possible.

« Eh bien ! mes amis, reprit M. Rougier, j'accepte de grand cœur l'offre que vous me faites, et je vais dès à présent mettre votre bonne volonté à l'épreuve. Si Éloi se décide, ce dont je doute, à entrer chez M. Garnier en qualité d'ouvrier, vous chargez-vous tous les trois de le surveiller d'une manière particulière, ce qui vous sera d'autant plus facile que vous êtes voisins, et que vous avez ensemble de fréquentes relations ? Car vous savez, comme je vous l'ai dit, que mes affaires personnelles et des intérêts de famille me tiennent éloigné de ce quartier, absorbent tout mon temps et ne me permettent guère de m'occuper d'autres affaires.

— Comme son patron, répondit M. Garnier, cette surveillance me regarderait plus spécialement, mais je ne demanderais pas mieux que d'être secondé par Marion et Saillard.

— Nous nous y engageons très volontiers, dirent ces deux derniers.

— Très bien, mes amis ; maintenant si le jeune homme persiste à vouloir voyager, nous pouvons encore lui être utiles en le recommandant aux différents correspondants que nous avons dans les principales villes où il se propose de séjourner et de travailler. Je dis nous ; car, quoique retiré des affaires depuis plus de trois ans, j'ai encore conservé des relations d'amitié avec quelques personnes à Lyon, à Saint-Étienne et dans quelques autres villes.

— Moi, dit M. Garnier, je suis très lié avec un des administrateurs des usines du Creusot, où Éloi pourra être reçu et employé sur ma recommandation. »

MM. Marion et Saillard promirent également de l'appuyer dans différentes autres localités.

Tout étant ainsi convenu entre les quatre amis, M. Rougier rappela Éloi et lui posa de nouveau la question que lui avait adressée M. Garnier, en lui disant qu'on le laissait parfaitement libre de décider s'il voulait rester à Paris où s'il préférait voyager.

« Messieurs, répondit Éloi, en vous manifestant le désir que j'avais de faire immédiatement mon tour de France, j'ai ajouté que je vous laissais juges de la possibilité, ou plutôt de l'opportunité pour moi d'accomplir ce projet ; il paraît que vous le regardez comme praticable, puisque vous me laissez entièrement libre à cet égard. En ce cas, Messieurs, je vous déclare que je persiste dans cette idée, qui depuis longtemps occupe mon esprit. Seulement j'ose espérer que vous me conserverez, quoique absent, une part dans vos bons souvenirs ; pour moi, je n'oublierai jamais les bontés dont j'ai été comblé par mon parrain et par vous, Messieurs. Je remercie sincèrement M. Garnier de l'offre qu'il m'a faite de me prendre chez lui comme ouvrier au sortir de mon apprentissage ; dans trois à quatre ans, à mon retour, je me présenterai chez lui, et, s'il est encore dans l'intention de me recevoir dans ses ateliers, il trouvera en moi un ouvrier plus capable et plus expérimenté que je ne le serais aujourd'hui.

— Certainement, mon ami, répondit M. Garnier, je vous recevrai avec plaisir ; si vous continuez à vous bien conduire, il y aura toujours une place pour vous chez moi ; je vous en donne ma parole, en présence de ces messieurs. »

En disant ces mots, il tendit sa main au jeune homme, qui lui présenta la sienne, et il la serra cordialement.

M. Rougier fit ensuite connaître à Éloi son intention, ainsi que celle de ses amis, de lui donner des lettres de recommandation, en ajoutant :

« Mon ami, les meilleures recommandations sont celles que te vaudront ton travail et la bonne conduite ; celles que tu recevras de nous ne serviront qu'à t'épargner les difficultés et les embarras d'un premier début ; mais elles se tourneraient contre toi, si tu venais à tromper nos espérances, comme elles te créeront de nouveaux protecteurs si tu t'en rends digne. »

Quand la bonne Marguerite apprit ce qui venait d'être décidé entre son mari et ses amis au sujet d'Éloi, elle en fut vivement affectée. Le départ de cet enfant, qu'elle aimait presque d'un amour maternel, allait lui enlever une de ses plus douces consolations dans un moment où son cœur en avait tant besoin. Elle demanda à son mari s'il n'eût pas été possible de retarder ce voyage, vu l'extrême jeunesse de l'enfant.

« C'est lui-même, répondit M. Rougier, qui désire commencer dès à présent son tour de

France; je n'ai pas cru devoir m'y opposer, parce que je trouve qu'il a raison, et qu'à sa place et dans sa situation j'en aurais fait autant que lui. »

Marguerite, selon son habitude, se soumit en silence, et ne songea plus qu'à préparer le trousseau de voyage de celui que, malgré elle, elle ne pouvait s'empêcher d'accuser intérieurement d'ingratitude. Cependant elle ne lui adressa pas un reproche, quoiqu'il vînt, selon son habitude, pendant tout le mois qui précéda son départ, passer la journée du dimanche chez son parrain. Éloi, de son côté, évitait, autant que possible, de parler devant elle de ses projets de voyage, parce qu'il sentait que ce sujet affligeait sa bonne marraine; mais il s'en dédommageait quand il se trouvait seul avec M. Rougier. Celui-ci lui donnait des instructions sur la manière de voyager à pied; car il faut remarquer qu'à cette époque, où le chemin de fer n'existait pas, les diligences étaient fort chères, et qu'un ouvrier ne voyageait guère autrement qu'à pied, avec son sac sur le dos, comme les militaires. Il lui traçait son itinéraire jusqu'à Saint-Étienne, première ville où il devait se rendre; lui indiquait ses étapes et les auberges où il devait descendre de préférence, le tout entremêlé d'excellents conseils qu'Éloi écoutait attentivement et dont il se promettait bien de profiter.

CHAPITRE IV

SI TU VEUX LE BIEN-ÊTRE, TRAVAILLE ENCORE

Enfin le moment du départ arriva. Muni d'un sac de voyage assez bien garni, d'un portefeuille renfermant son livret, son passeport, les lettres de recommandation de ses protecteurs, et d'une bourse contenant une certaine somme d'argent provenant de ses épargnes, — car depuis deux ans il gagnait une demi-journée d'ouvrier, — Éloi se mit résolument en route, après avoir fait ses adieux à son parrain et à sa marraine.

La bonne Marguerite avait versé d'abondantes larmes en embrassant son filleul. Celui-ci avait eu bien de la peine à retenir les siennes, dans la crainte d'augmenter la douleur de sa bonne marraine ; mais quand il fut sorti de cette maison de la rue du Dragon où il avait passé les heureuses journées de son enfance, il se retourna pour jeter un dernier coup d'œil sur la fenêtre d'où sa marraine lui adressait de la main un dernier adieu. En l'apercevant, il ne fut plus maître de son émotion ; il rendit le salut avec empressement, et en même temps des larmes abondantes s'échappèrent de ses yeux et sillonnèrent ses joues. Il se hâta aussitôt de reprendre sa marche, se dirigeant d'un pas rapide vers la barrière de Fontainebleau.

Peut-être nos jeunes lecteurs, en voyant la résolution et l'empressement qu'Éloi avait montrés à entreprendre son tour de France immédiatement après avoir fini son apprentissage, auront-ils été tentés de l'accuser d'insensibilité, et même d'ingratitude, comme le faisait sa marraine. Ce serait une erreur : s'il eût suivi l'impulsion de son cœur, avec quelle joie serait-il resté à Paris, et aurait-il accepté l'offre de M. Garnier, qui l'eût rapproché de sa famille adoptive, et lui eût permis de continuer avec elle ces relations intimes qui avaient pour lui tant de charmes ! Mais il savait qu'il n'était qu'un étranger admis par charité dans la famille Rougier, qui l'avait élevé comme s'il eût été l'enfant de la maison. Jamais, il est vrai, un mot n'avait été prononcé devant lui, ni par son parrain ni par sa marraine, qui pût être regardé, je ne dirai pas comme un reproche, mais comme une simple allusion à sa position précaire dans la famille ; mais il était un membre de cette famille qui lui témoignait fort peu de bienveillance, et qui, plus d'une fois, quand l'occasion s'en était présentée, c'est-à-dire en l'absence de M. et Mme Rougier, ne lui avait pas épargné les allusions blessantes : c'était Mme Brugiès. Éloi s'était bien gardé de s'en plaindre à son tuteur et à sa bonne marraine ; mais il avait pris dès ce moment la résolution de faire tous ses efforts pour n'être plus à charge à une famille qui l'avait déjà comblé de tant de bienfaits. Après y avoir bien réfléchi, il pensa que le meilleur moyen était de quitter Paris dès qu'il pourrait être en état de gagner sa vie, parce qu'en restant dans cette ville comme ouvrier, et tout en gagnant de quoi subvenir à ses dépenses, il n'aurait pu se dispenser de fréquenter comme à l'ordinaire la maison Rougier, de recevoir de sa bonne marraine de ces marques de bienveillance toutes maternelles qui eussent encore excité la jalousie de sa fille, et l'eussent exposé à en recevoir des reproches blessants. C'est alors qu'il s'était ouvert pour la première fois de son projet à son parrain ; celui-ci, loin de l'en détourner d'une manière absolue, ne lui avait conseillé que de l'ajourner jusqu'à la fin de son apprentissage, et de bien réfléchir jusque-là sur ce sujet. Cet accueil de son tuteur à sa proposition lui en avait paru une approbation tacite, et n'avait fait que le confirmer dans sa résolution. Nous savons maintenant de quelle manière elle s'était accomplie.

Lorsque Éloi eut atteint la grand'route, et que le calme des champs eut succédé au bruit et aux embarras des rues de Paris, il marcha longtemps, l'esprit tout occupé de ses pensées, sans s'apercevoir ni du chemin qu'il faisait, ni des objets qu'il rencontrait sur la route. Il repassait dans sa mémoire tout ce qui lui était arrivé dès sa première enfance, aussi loin que ses souvenirs pouvaient se reporter, et toujours il voyait devant ses yeux la bonne figure de sa marraine qui lui souriait avec tant de bienveillance ; il entendait les paroles graves de son parrain qui lui donnait de si sages conseils, et qui lui présentait pour modèle la vie de son bienheureux patron. « Oh ! se disait-il, si je pouvais un jour leur témoigner ma reconnaissance, et les dédommager des sacrifices qu'ils ont faits pour moi !... Mais, hélas ! je ne le pourrai pas de sitôt, et je ne saurais songer de longtemps encore qu'à travailler pour vivre : mais, ô mon Dieu, vous qui voyez mes intentions, daignez leur être favorable, veuillez répandre les bénédictions les plus abondantes sur mes vertueux bienfaiteurs ! »

Après cette prière mentale, Éloi marcha d'un pas plus léger et atteignit bientôt le village de Villejuif, où il se reposa pendant quelques instants ; car son parrain lui avait recommandé de ne pas forcer sa marche pendant les premiers jours, et de s'arrêter de temps en temps pour reprendre haleine. Au moment où il allait se mettre en route, un maraîcher qui revenait de Paris avec sa carriole vide, voyant ce jeune garçon, chargé d'un lourd havresac, s'avancer péniblement, lui offrit de le prendre dans sa voiture et de le conduire dans sa ferme, située à douze kilomètres plus loin, sur le bord de la route. Éloi accepta avec plaisir, ce qui lui permit de faire ce jour-là, sans trop se fatiguer, une traite beaucoup plus longue qu'il ne l'avait espéré.

Nous n'avons pas l'intention de suivre jour par jour l'itinéraire d'Éloi ni de raconter les incidents de ses voyages pendant les cinq à six ans que dura son tour de France. Ce sujet fournirait à lui seul la matière d'un volume bien plus considérable que celui-ci, et qui ne serait certainement dépourvu ni d'intérêt ni d'utiles instructions pour nos jeunes lecteurs ; aussi avons-nous le projet de le traiter aussitôt que nous aurons réuni les matériaux nécessaires pour le rendre complet. Mais ici nous n'avons eu pour objet principal que de raconter les particularités de l'enfance, de l'éducation et de la première jeunesse d'Éloi, et de faire voir comment il s'était accoutumé de bonne heure au travail, au point de pouvoir à quinze ans exercer comme ouvrier une profession qui exige non seulement de l'intelligence, mais un certain développement de forces physiques qui n'appartient pas à un âge si tendre. Maintenant il ne nous reste plus qu'à indiquer sommairement les principaux traits de sa vie, à partir du jour où nous l'avons laissé sur la route de Fontainebleau jusqu'au moment où nous pourrons reconnaître s'il a réalisé dans l'âge mûr les espérances qu'il avait fait naître dans sa jeunesse.

Trois semaines environ après son départ de Paris, Éloi arriva à Saint-Étienne, sans que son voyage eût offert aucun incident remarquable. Grâce aux lettres de recommandation dont il était porteur, il entra dans un des principaux établissements métallurgiques de cette ville, et par sa bonne conduite et son travail il s'y fit bientôt remarquer, sinon comme un des meilleurs ouvriers, au moins comme étant en train de le devenir sous peu avec l'âge et la pratique de son état. Il resta près d'un an à Saint-Étienne, et travailla successivement chez un serrurier-mécanicien, chez un armurier et chez un fabricant d'outils, où il apprit les procédés de la trempe du fer et de l'acier.

En quittant cette ville, il se rendit au Creuzot, où il travailla comme ajusteur à la construction des machines à vapeur destinées à la navigation fluviale. Ce genre de machines, qu'il voyait alors pour la première fois, frappa vivement son imagination; il en étudia avec soin le mécanisme, en dessina toutes les pièces, et, au bout de six mois, il construisit une petite machine, renfermée dans une boîte de vingt centimètres de long sur quinze centimètres de haut. C'était un véritable petit chef-d'œuvre, dont l'ingénieur en chef loua l'exécution, et que le directeur voulut acheter pour être conservé dans la salle des réunions du conseil d'administration de la compagnie. On augmenta ses appointements et on lui offrit même de grands avantages, s'il voulait prendre l'engagement de rester attaché à l'établissement pendant un certain nombre d'années. Mais Éloi ne voulut pas accepter, ayant l'intention de continuer ses voyages, et d'étudier d'autres établissements plus importants encore que le Creuzot.

Il avait souvent entendu parler de l'établissement d'Indret, près de Nantes, où l'on commençait à confectionner des machines à vapeur pour la marine de l'État. L'ingénieur du Creuzot approuva son projet, et lui donna une lettre de recommandation pour son collègue d'Indret.

Éloi ne se rendit pas en ligne directe dans la Loire-Inférieure ; il traversa le Berry, visita les principales forges de ce pays, ainsi que du Poitou, s'arrêta plusieurs mois à Châtellerault, où il travailla à la manufacture d'armes de cette ville ; de là il alla à Angers, où il s'embarqua sur un bateau à vapeur qui le transporta rapidement à Nantes.

Pendant ce trajet, Éloi ne s'occupa guère du magnifique paysage qui se déroule aux yeux du voyageur de chaque côté de la Loire. Quoique depuis près d'un an il eût travaillé à des machines à vapeur destinées à la navigation, c'était la première fois qu'il en voyait une fonctionner ; aussi toute son attention, dès le moment du départ jusqu'à son arrivée, fut-elle absorbée entièrement par l'examen de la marche et du jeu de cette machine. En peu d'instants il eut lié conversation avec le chauffeur, puis avec le mécanicien, qui, l'ayant bientôt reconnu pour un ouvrier de la partie, s'empressa de répondre à ses questions et de lui donner tous les éclaircissements qu'il désirait. Au bout d'un quart d'heure d'examen,

Éloi dit au mécanicien par forme d'interrogation : « Cette machine ne sort pas du Creuzot ?

— Non, répondit son interlocuteur, ni d'aucune usine française ; on est encore loin de fabriquer en France avec cette perfection. Cette machine vient d'Angleterre, et sort des ateliers de Birmingham. Voyez comme le jeu en est facile et liant, comme les mouvements en sont réguliers et soutenus, sans la moindre saccade. Ce n'est pas une machine française qui pourrait fonctionner avec cette perfection ; aussi l'autre bateau, qui nous fait concurrence, a une machine française ; — ma foi, du Creuzot, je crois, ajouta-t-il en souriant ; — mais il ne peut pas lutter avec nous. Ainsi il est parti d'Angers une heure avant nous, et je parie que, sans forcer ma vapeur, je le rattrape une bonne demi-heure avant d'arriver à Nantes. »

Éloi frémissait intérieurement d'indignation, en entendant vanter ainsi l'industrie anglaise au détriment de la nôtre ; mais que faire ? Il était trop juste appréciateur du travail pour ne pas reconnaître que les assertions du mécanicien n'avaient rien d'exagéré. Bientôt, comme pour lui donner une nouvelle preuve de la supériorité de sa machine, le mécanicien lui cria : « Tenez, voyez-vous, là-bas devant vous, cette longue cheminée blanche, qui ressort sur la sombre verdure des arbres du coteau ? — Éloi fit un signe affirmatif. — Eh bien, c'est notre concurrent ; hein ! je vous avais bien dit que nous le rattraperions. »

En effet, une demi-heure après, les deux bateaux étaient bord à bord, et bientôt celui que montait Éloi eut dépassé l'autre. Le mécanicien était tout fier de cette victoire ; Éloi en était attristé. « Tiens, on dirait que cela vous contrarie, fit le mécanicien en remarquant la physionomie de notre ouvrier : est-ce que vous aimeriez mieux être sur l'autre bateau pour rester une heure et demie de plus en route ?

— Non, ce n'est pas là ce qui me contrarie ; c'est de voir que les machines anglaises sont supérieures aux nôtres.

— Dame ! c'est vexant tout de même, j'en conviens ; mais aussi pourquoi les constructeurs français ne fabriquent-ils pas aussi bien que les Anglais ? Vous comprenez : si cela était, on préférerait naturellement les machines françaises à celles de nos voisins, d'autant plus que celles-ci coûtent des prix énormes à la douane pour entrer en France. Ce serait une fameuse spéculation tout de même, pour celui qui réussirait à confectionner des machines aussi bonnes que celles des Anglais. Vous qui êtes jeune et qui me paraissez avoir l'intelligence du métier, vous devriez y songer; vrai, il y aurait joliment de l'argent à gagner. »

Éloi y songeait déjà avant que le mécanicien du bateau lui eût donné ce conseil; non pas pour gagner de l'argent, car cette pensée n'était pas celle qui préoccupait son esprit, mais pour avoir la gloire de l'emporter sous ce rapport sur une nation rivale.

Il était plongé tout entier dans ces réflexions quand il débarqua à Nantes, et même il méditait encore le lendemain quand il se présenta à Indret avec la lettre de l'ingénieur du Creuzot. Sur cette recommandation, il fut admis immédiatement dans les ateliers.

On travaillait en ce moment à Indret à la construction d'une machine à vapeur de la force de trois cent cinquante chevaux, destinée à l'armement d'une frégate qui était à l'ancre dans le fleuve à quelques pas de l'usine. Éloi fut émerveillé à l'aspect de l'immense outillage employé à la confection, par des procédés mécaniques, des diverses pièces dont devait se composer cette gigantesque machine à vapeur, et qu'il eût été bien difficile, pour ne pas dire impossible, de travailler par les anciens procédés. Ainsi des surfaces qu'on eût été obligé de dresser péniblement à la lime étaient rabotées, malgré la dureté du métal, à peu près avec autant de facilité et plus de justesse qu'on ne rabote le bois ; le travail du tour s'opérait seul et plus vite ; les pas de vis, les écrous se faisaient de même par machine avec une parfaite régularité. Les ouvriers n'avaient qu'à surveiller, à régulariser, à activer ou à arrêter, quand il était nécessaire, la marche aveugle de ces outils, que la vapeur faisait mouvoir en obéissant docilement à la volonté et à l'intelligence de l'homme. Il avait bien vu quelque chose d'analogue, mais en petit, au Creuzot et dans quelques autres usines ; encore ne s'agissait-il que de quelques parties peu importantes qui se faisaient par mécanique ; mais il n'avait pas l'idée de ce perfectionnement dans le travail des métaux, ni de ce magnifique ensemble d'un atelier d'ajustage, dont tous les outils semblent se mouvoir d'eux-mêmes, et attendre le signal de l'homme pour raboter, tourner, tarauder, percer, polir les métaux les plus durs.

C'était encore une nouvelle importation de l'Angleterre, presque inconnue alors en France, où elle ne devait se vulgariser que douze à quinze ans plus tard. Éloi comprit combien il était facile, à l'aide d'un outillage pareil, et qu'on pouvait encore perfectionner, de produire des machines à vapeur supérieures à celles que fabriquaient à cette époque nos constructeurs français. Cette idée le confirma dans la résolution qu'il avait prise depuis longtemps de visiter l'Angleterre, et d'aller étudier sur place les secrets de cette nation industrieuse.

Avant de mettre ce projet à exécution, il voulut rester quelque temps à Indret, afin d'examiner avec plus de soin, dans toutes ses parties, l'outillage mécanique qu'il avait sous les yeux, et surtout la manière dont les Anglais en faisaient usage; car un grand nombre d'ouvriers de cette nation étaient venus installer le nouvel outillage, et étaient restés pour le faire manœuvrer. Il n'eut pas de peine à se lier avec un des principaux de ces ouvriers, qui, remarquant la figure intelligente du jeune ouvrier français et le désir qu'il avait de s'instruire, le prit en amitié, et essaya de lui donner toutes les explications qu'il désirait. Malheureusement il n'y réussissait que difficilement, parce que William Brown, — c'était le nom de l'Anglais, — parlait à peine le français, et qu'Éloi ne savait pas un mot d'anglais. Cette difficulté n'arrêta pas longtemps notre Parisien. Avec cette ferme résolution et cette ténacité de volonté que nous lui connaissons, il se mit à apprendre l'anglais, et au bout de trois mois il le parlait de manière à émerveiller tous les enfants d'Albion employés à l'usine d'Indret, et remarquons qu'il n'avait pas perdu pour cela une journée de travail, et qu'arrivé le premier à l'atelier, il en sortait toujours le dernier.

Ce tour de force lui valut l'estime de tous les ouvriers anglais, et redoubla l'affection que Brown lui portait. Aussi quand il témoigna le désir d'aller visiter l'Angleterre et d'y travailler pour se perfectionner, tous l'encouragèrent vivement à donner suite à ce projet ; Brown en fut enthousiasmé, et s'offrit, s'il voulait attendre pour partir qu'il eût fini son engagement à Indret, de l'accompagner, de le présenter, et de le faire admettre n'importe dans quelle usine de Londres ou de Birmingham.

Éloi accepta sans difficulté. L'engagement de Brown finissait dans trois mois, et Éloi employa ce temps à se perfectionner dans la langue anglaise, qu'il parlait si bien alors, que des Anglais qui ne le connaissaient pas le prenaient pour un habitant d'une des îles anglo-normandes, Jersey ou Guernesey, où l'on parle l'anglais avec un léger accent français.

Il y avait alors trois ans qu'il avait quitté Paris. Depuis ce temps, il avait toujours entretenu une correspondance assez régulière avec son parrain; il n'avait pas manqué de le consulter sur son voyage d'Angleterre, comme il le faisait habituellement sur toutes ses entreprises. M. Rougier approuva fort son projet, et l'engagea à rester deux à trois ans en Angleterre, s'il y trouvait de l'ouvrage; « car, en ce moment, disait-il, les affaires vont assez mal ici, et tu trouverais difficilement à t'y occuper d'une manière avantageuse. »

Éloi, quelques jours après avoir reçu cette lettre, s'embarqua, avec Brown et six autres ouvriers anglais qui retournaient dans leur pays, sur un navire qui se rendait de Paimbœuf à Liverpool. Après une heureuse traversée, ils débarquèrent à Liverpool, et prirent aussitôt le chemin de fer pour se rendre à Manchester. C'était la première fois qu'Éloi voyait un chemin de fer exploité par des locomotives à vapeur. Il avait bien vu le chemin de fer de Saint-Étienne, que l'on commençait à construire; mais il ne servait pas au transport des voyageurs, et les chariots qui roulaient sur les rails étaient traînés par des chevaux, ou abandonnés, dans certaines pentes, à leur propre impulsion.

La vue d'une locomotive, courant avec la vitesse d'un cheval lancé au galop pendant un trajet de soixante kilomètres, et remorquant à sa suite un convoi d'une dizaine de wagons remplis de voyageurs et de marchandises, causa à Éloi plus de surprise encore qu'il n'en avait éprouvé la première fois qu'il avait vu une machine à vapeur faire marcher un bateau contre le vent et le courant. Il témoignait à son ami Brown le désir qu'il aurait d'entrer dans un des ateliers où se fabriquaient ces merveilleux chariots, comme il les appelait. « Ce sera facile, » répondit Brown; et effectivement, deux jours après, les deux amis furent reçus dans l'immense fabrique de Watt, dans le faubourg de Soho.

Éloi ne tarda pas à se faire remarquer dans cette usine par son intelligence et son ardeur au travail. Admis d'abord comme simple ouvrier, à raison de cinq schellings (6 francs 25 centimes) par jour, au bout d'un mois il gagnait le double. Six mois après, il était nommé contremaître d'un des ateliers de la fabrique, aux appointements de vingt livres sterling (environ 500 francs) par mois.

A partir de cette époque, Éloi mit chaque mois de côté une certaine somme, qu'il plaça dans une des meilleures maisons de banque de Birmingham, et il augmentait cette somme au fur et à mesure que ses appointements allaient eux-mêmes en augmentant; car ils ne tardèrent pas à être portés de vingt à vingt-cinq livres, puis à trente, de sorte qu'au bout de deux ans son petit capital, avec les intérêts accumulés, montait déjà à près de dix mille francs.

Sur ces entrefaites, éclata en France la révolution de juillet 1830. En apprenant cet événement, la première pensée d'Éloi fut d'écrire à son parrain pour lui demander s'il n'avait pas été atteint par cette catastrophe, et lui offrir ses services et ses économies. M. Rougier s'empressa de lui répondre pour le remercier et le rassurer. « Reste où tu es, lui disait-il ; tu ne pourrais trouver en France, dans ce moment-ci, une position comparable à celle que tu t'es faite en Angleterre. Garde ton argent, qui ne saurait m'être d'une grande utilité, et dont tu auras peut-être bientôt besoin pour t'exempter du service militaire ; car dans quelques mois tu seras appelé à tirer à la conscription, et, quoiqu'à l'étranger, tu ne saurais te soustraire à cette obligation qui pèse sur tous les enfants de la France. Seulement, pour t'éviter un voyage inutile, je tirerai moi-même ton billet, ce que je puis faire en qualité de ton tuteur. »

Au mois de mars 1831, M. Rougier écrivait à son filleul : « Tu as de la chance, mon garçon ; tu ne seras pas obligé de rogner une bonne part de tes économies. Je viens de tirer au sort pour toi, et, sur cent soixante jeunes gens inscrits, j'ai amené le numéro 156. Tu peux donc continuer à vaquer tranquillement à tes travaux ; profite de l'occasion que tu as sous la main, et ne songe à revenir en France que dans des temps meilleurs ; car nous sommes toujours ici comme sur un volcan, et les révolutions ne sont pas favorables à l'industrie ni au commerce. »

Ce fut la dernière lettre qu'Éloi reçut de son parrain. Trois ou quatre lettres qu'il lui écrivit étant restées sans réponse, inquiet de ce silence, il s'adressa à M. Garnier, son ami, pour en avoir des nouvelles. Celui-ci fit longtemps attendre sa réponse ; enfin elle arriva assez tôt pour remplir le cœur d'Éloi d'une indicible douleur. Cette fatale lettre annonçait qu'au mois d'avril dernier M. Brugiès, le gendre de M. Rougier, avait disparu sans qu'on eût pu savoir ce qu'il était devenu. Les uns disaient qu'il était en Belgique, d'autres qu'il avait fui en Angleterre, d'autres enfin qu'il s'était suicidé. Mais s'il y avait de l'incertitude sur le sort de ce banquier, ce qui n'était malheureusement que trop certain, c'est qu'il avait laissé ses affaires dans l'état le plus déplorable : caisse vide, actif insignifiant, passif énorme, tel était, en peu de mots, le résumé de son bilan. En présence de cette épouvantable catastrophe, le père Rougier avait perdu la tête ; toute sa fortune était placée dans la banque de son gendre. Quoiqu'il ne fût pas tenu, en sa qualité de commanditaire, disait la lettre, de répondre au delà de sa mise de fonds, il a sacrifié tout ce qui lui restait, et jusqu'à la dot et les bijoux de sa fille, pour combler le déficit; encore n'a-t-il pu y parvenir. Le chagrin s'est alors emparé du pauvre homme ; il s'est mis au lit, et quinze jours après il était mort. Quant à la veuve, elle a recueilli chez elle sa fille et sa petite-fille ; puis elle a vendu au propriétaire de la maison de la rue du Dragon le droit d'usufruit qu'elle s'était réservé sur le logement qu'elle occupait dans cette maison, et, avec cet argent et le peu qu'elle s'est encore procuré en se défaisant de son argenterie et de quelques-uns de ses meubles, elle est partie un beau matin avec ses enfants, et personne ne sait où ces trois femmes se sont retirées. »

Éloi, au désespoir en apprenant ces tristes nouvelles, s'empressa d'écrire à M. Saillard, à M. Marion et à son ancien patron M. Lefebvre, pour leur demander s'ils pourraient lui donner des renseignements sur ce qu'était devenue Mme veuve Rougier, et pour les prier, dans le cas où ils ne sauraient rien par eux-mêmes, de vouloir bien faire toutes les démarches nécessaires pour découvrir sa retraite, s'offrant à les indemniser de toutes les avances qu'ils seraient obligés de faire pour cela. Il n'obtint de ces trois messieurs que des réponses négatives ; mais tous les trois promirent de continuer leurs recherches, ajoutant qu'aussitôt qu'ils auraient fait quelque découverte, ils s'empresseraient de lui en faire part.

Pendant plusieurs années de suite, il avait écrit aux mêmes personnes pour leur renouveler les mêmes demandes ; il s'était adressé à d'autres correspondants et même à la préfecture de police ; il avait fait mettre des avis dans les journaux, et toutes ces démarches n'avaient produit aucun résultat.

Cependant le chagrin que lui causaient les malheurs de la famille Rougier, l'inquiétude où il était du sort de sa bonne marraine, ne l'empêchaient pas de se livrer à son travail comme d'habitude. Au contraire, il avait le pressentiment que tôt ou tard il découvrirait les restes de cette famille, et qu'il pourrait leur venir en aide. Quel bonheur s'il pouvait ainsi s'acquitter de la dette qu'il avait contractée envers eux pendant son enfance ! Cette idée le faisait redoubler d'ardeur, afin de grossir le plus rapidement possible son pécule.

Une circonstance inattendue vint encore favoriser ses projets. Un ingénieur avait inventé une machine à vapeur qui, avec un tiers de moins de combustible, devait produire un effet d'une puissance double de celle d'une machine de même dimension construite d'après le système en usage à cette époque. Il chargea la société Watt de lui faire confectionner cette machine d'après ses plans. Les directeurs confièrent ce travail à leurs meilleurs et leurs plus anciens ouvriers ; par deux fois ils échouèrent. Enfin Éloi en fut chargé, et il réussit du premier coup. Les directeurs, enchantés d'un pareil succès, lui donnèrent, comme récompense, une prime de cinq cents livres sterling (12,500 francs), et l'ingénieur l'intéressa pour une part dans les bénéfices que produirait la confection de ces nouvelles machines, pour lesquelles il avait pris un brevet d'invention.

« Avait-il de la chance, cet Éloi ! » diront peut-être quelques lecteurs superficiels ; sans doute, il avait de la chance ; mais il est bon de remarquer que ces sortes de chances ne peuvent arriver qu'à d'excellents ouvriers ; car cette même chance avait été offerte à d'autres avant lui, et ils n'avaient pu ou n'avaient pas su en profiter.

Les commandes de ces nouvelles machines, soit pour la navigation, soit pour les chemins de fer, arrivèrent de toutes parts à l'usine Watt. Les bénéfices d'Éloi augmentèrent alors dans des proportions qu'il n'aurait jamais rêvées. Mais plus sa fortune augmentait, plus il regrettait de ne pouvoir la partager avec celle qui lui avait servi de mère. Enfin un jour il apprend, par une lettre de son ancien patron, M. Lefebvre, qu'il vient de découvrir le domicile de Mme veuve Rougier. Elle habite, avec sa fille et sa petite-fille, un village des environs de Paris, où elle exerce son ancien état de blanchisseuse, ainsi que ses deux enfants, à qui elle a fait apprendre cet état.

Éloi, à la réception de cette lettre, court chez ses patrons donner sa démission, et leur annoncer qu'il va retourner en France ; en même temps il envoie à M. Lefebvre un mandat de cent livres sterling (2,400 francs), qu'il le charge de porter sans perdre de temps à sa chère marraine, en lui annonçant qu'il sera bientôt auprès d'elle, et qu'elle n'aurait plus besoin de travailler.

Les chefs de l'usine Watt firent tous leurs efforts pour retenir Éloi, et lui offrirent même les plus brillants avantages; il refusa tout, en disant qu'il était attaqué de la nostalgie, et qu'il avait absolument besoin de revoir son pays. L'ingénieur dont il avait le premier exécuté la machine, et qui s'était attaché à lui, quand il le vit décidé à partir, lui dit : « Eh bien, monsieur Després, je pars avec vous ; je prendrai en France un brevet pour ma machine et pour d'autres qui n'y sont pas encore connues; nous monterons ensemble une usine dans laquelle nous les confectionnerons, et, Dieu aidant, j'espère que nous ferons de bonnes affaires. »

Cet arrangement convenait à merveille à Éloi. Il retira ses capitaux de la banque de Birmingham, les convertit en traites sur Paris, et partit quelques jours après avec son ami l'ingénieur.

La petite fortune d'Éloi se montait à deux cent et quelques mille francs. En arrivant à Paris, il alla trouver M. Lefebvre pour lui demander l'adresse de sa marraine, à qui il voulait sur-le-champ remettre cent mille francs, calculant qu'avec les cent mille francs restants, et ce que fournirait l'ingénieur, ils pourraient commencer à établir leur usine. Mais M. Lefebvre lui dit que la mère Marguerite n'accepterait jamais cette somme ; qu'il avait eu bien de la peine à lui faire accepter les deux mille quatre cents francs qu'il lui avait envoyés ; encore ne l'avait-elle fait qu'à titre d'emprunt, se proposant de les lui rendre dans un certain délai : « Car enfin, disait la bonne femme, Éloi ne me doit rien : l'argent qu'il a gagné est bien à lui, rien qu'à lui ; à quel titre voudrait-il m'en donner une partie ? »

Éloi était vivement contrarié d'une telle résolution. « Comment donc, disait-il, la décider à partager avec moi ce que j'ai ? Dites-lui, je vous prie que c'est dans ce but que je l'ai gagné.

— Je le lui ai déjà dit ; mais elle ne veut rien écouter. Cependant je crois, moi, qu'il y aurait un moyen de la décider, et de vous mettre tous deux d'accord.

— Et quel serait ce moyen ?

— Il est bien simple : ce serait d'épouser

M¹¹ᵉ Berthe, la petite-fille de votre marraine. Ce n'était qu'une enfant de cinq à six ans quand vous êtes parti ; mais c'est aujourd'hui une belle demoiselle de vingt-deux ans, plus belle que n'a jamais été sa mère, dont on vantait la beauté, surtout bien moins orgueilleuse et bien mieux élevée.

— Et comment voulez-vous que moi, pauvre enfant trouvé, sans parents, sans famille, je puisse épouser la fille de mon ancien bienfaiteur ? Sa mère, M™ᵉ Brugiès, refuserait bien certainement de donner la main de sa fille à un homme d'une naissance comme la mienne.

— Avec ça que je lui conseillerais de faire la difficile ! Ne serait-elle pas trop heureuse de trouver un mari comme vous pour sa fille ? Mais assez de paroles comme ça ; comme il est essentiel, avant de conclure un mariage, que les futurs se connaissent au moins de vue, je vais à l'instant vous conduire chez votre marraine. Vous ne lui parlerez de rien dans cette visite ; après, si la jeune personne vous convient, je me charge du reste. »

Tout s'arrangea comme l'avait prévu M. Lefebvre ; un mois après, M. Éloi Després épousait M¹¹ᵉ Berthe Brugiès, et, le lendemain du mariage, un acte de société, sous la raison Lefebvre, Desprès et C¹ᵉ, était signé pour l'exploitation des brevets d'invention et d'importation de sir James Ascott, ingénieur civil, associé commanditaire de MM. Lefebvre et Desprès.

ÉPILOGUE

SI TU VEUX LA FORTUNE ET LA RÉPUTATION
TRAVAILLE TOUJOURS

On lisait dans un journal de Paris du 2 décembre 1855 l'article suivant :

« Hier, 1ᵉʳ décembre, la fête de saint Éloi était célébrée avec une solennité extraordinaire dans la magnifique usine que M. Després fait construire près du canal Saint-Denis. Les nombreux invités, et les ouvriers, dix fois plus nombreux encore, célébraient en ce jour une triple fête ; car c'était tout à la fois l'anniversaire de la naissance du chef de l'établissement, et sa fête patronale, puisqu'il s'appelle Éloi ; puis on célébrait en outre la nomination de M. Després comme chevalier de la Légion d'honneur, décoration que lui ont méritée les nombreuses médailles qu'il a reçues aux différentes expositions, notamment aux expositions universelles de Londres et de Paris.

« C'était un touchant spectacle que de voir assis à une même table, au milieu de ses ouvriers, qu'il appelle ses enfants, le chef justement renommé d'une maison qui a affranchi la France d'un tribut onéreux qu'elle payait à l'étranger, et qui maintenant exporte ses produits dans toute l'Europe. On ne pouvait contempler sans attendrissement cette belle famille, qui entourait son chef d'une double couronne de respect et d'amour : cette vieille mère Marguerite, si connue des pauvres, et qui porte gaiement ses quatre-vingts ans ; sa fille, M{ᵐᵉ} B..., qui laisse voir encore sur son front l'empreinte des malheurs qu'elle a autrefois éprouvés, quoiqu'ils aient été réparés par la main généreuse de son gendre ; et M{ᵐᵉ} Després, la digne femme du héros de la fête ; et leurs jeunes enfants, qui rivalisent de grâce, d'amabilité, de bonté.

« Quand le feu d'artifice vint terminer la fête, on peut dire que les vivats et les cris de joie partaient de tous les cœurs, et n'étaient que la faible expression des sentiments d'amour, d'estime et de respect qu'inspiraient cette belle famille et son chef.

« Nous ne pouvons nous empêcher, en terminant cet article, de citer un mot qui fera connaître, mieux que tout ce que nous en pourrions dire, le caractère de l'honorable M. Després. Un des convives, riche rentier du Marais, qui avait été invité je ne sais à quel titre, disait au patron après avoir visité l'usine : « Mais, Monsieur, il y a là pour des valeurs immenses, et, si vous vouliez vous retirer des affaires, vous auriez de quoi vivre princièrement sans rien faire.

« — Je m'en garderai bien, Monsieur, lui répondit en souriant M. Després ; j'ai trop d'obligations au travail pour lui faire jamais l'affront de le quitter.

« — Vous l'aimez donc bien le travail ?

« — A tel point, Monsieur, reprit M. Després sur le même ton, que, n'était le déshonneur, j'aimerais mieux être condamné aux travaux forcés qu'à l'oisiveté forcée. »

FIN

TABLE

Prologue. — I. — La famille Rougier. 7
— II. — Bras de fer et cœurs d'or. . . . 26
Chapitre I. — La Saint-Éloi en 1825. 47
— II. — Si tu veux vivre, travaille. 63
— III. — Le conseil de famille. 91
— IV. — Si tu veux le bien-être, travaille encore. 111
Épilogue. — Si tu veux la fortune et la réputation, travaille toujours. 139

www.ingramcontent.com/pod-product-compliance
Lightning Source LLC
Chambersburg PA
CBHW060145100426
42744CB00007B/905